PALESTINA OPRIMIDA

A. Toledano de Diego

Primera edición Julio 2023

Diseño de portada ATdD

Registro de la propiedad intelectual

09-RTPI-10493.7/2023

Hecho en Madrid – España

"Este libro ha sido escrito de manera espontánea, tal como fluían las ideas, sin ser escrito por "un negro", ni maquetado, ni pasado por un revisor ortográfico. De forma que todos los errores que se puedan hallar en él, deberían quedar supeditados a la frescura de la escritura."

Prólogo

A través de la historia se han cometido muchas injusticias a lo largo y ancho de este mundo. Donde el empecinamiento humano de creer que se pueden imponer las cosas por la fuerza, nos ha conducido a muchas situaciones de injusticia.

El conflicto de Palestina empezó, cuando la ONU decidió que había que resarcir el horror del holocausto, dando a los judíos una nación, para que dejase de ser un pueblo perseguido sin patria. Optando por la partición del protectorado británico de Palestina, para repartir dicho territorio entre palestinos y judíos. Basándose en que de allí habían salido hace 2000 años, como argumento. Creo que la reacción de los palestinos fue la normal, a la de cualquier pueblo, que de repente le dicen, que le van a amputar la mitad de su territorio para dárselo a otro pueblo.

Estoy seguro que si hubiese sido al revés, Israel tampoco iba a aceptar que le amputasen la mitad de su territorio bajo el argumento que los palestinos habían vivido allí 2000 años antes.

Pero al fin prevalece la razón del más fuerte. Es obvio que la historia siempre se repite y no aprendemos de sus errores. El pueblo judío que padeció la persecución por distintos pueblos a lo largo del mundo y sufrió el horror del holocausto, no debería hacer que los palestinos vivan en un estado de apartheid recluidos en *"batustanes"*, copiados a semejanza del estado racista de la Sudáfrica que marginaba a todos aquellos que fueran de color.

Es obvio que cuando uno ocupa una situación de prepotencia sobre el otro, no hay paños calientes rememorando lo mismo que padeció el pueblo judío. Ahora aplican el mismo sistema de guetos que los nazis, recluyéndolos en territorios de los cuales no pueden moverse salvo autorización, mientras los colonos israelitas expulsan a los palestinos de sus tierras, confiscándoles sus casas y echándolos a la calle bajo el argumento de que son la Judea y Samaria bíblicas.

En esas andamos hasta nuestros días desde la partición del mandato británico de Palestina. Enzarzados en luchas en que Israel está convencido que vencerá por la fuerza apoyado por los EEUU, protector de todos sus desmanes e incumplimientos de la ONU.

El principio de todo

Según los textos bíblicos, en la región de Canaán, ya habitaban pueblos antes de la llegada de Abraham, que nació en Ur (Caldea) en el año 1813 a.c. El que es considerado como el primer judío.

Por lo tanto, los palestinos son los descendientes de los pueblos semíticos del Levante que ya habitaban la zona, como amorreos, jebuseos, hicsos, fenicios, arameos, filisteos, etc. Antes del establecimiento de Abraham (hebreos). Con lo cual argumentar contextos históricos en que los judíos llaman a la Cisjordania actual, Judea y Samaria, como su tierra prometida de la cual salieron hace más de 2000 años y que les pertenece carece de fundamento alguno. Pues si el mundo se rigiese por ese argumento, no existirían las naciones. Con el constante movimiento de civilizaciones en una misma región.

Por lo tanto, todos esos pueblos que se establecieron y se mezclaron, constituyen la amalgama humana de la zona. En la evolución histórica, fue invadida por distintos imperios, babilónico, egipcio, romano, otomano; etc.

Esa encrucijada que ha representado desde tiempos inmemorables, ha sido objeto de confrontación hasta nuestros días. En que el protectorado asignado a Gran Bretaña de Palestina, con la derrota del Imperio Otomano, al final de la 1ª Guerra Mundial, derivó después de la 2ª Guerra Mundial a raíz del holocausto de los nazis, en buscarles una patria a los judíos para no ser un pueblo errante por el mundo. Empezando entonces el enfrentamiento entre palestinos y judíos, que alcanza hasta nuestros días.

Quedando clara una cosa, que mucho cuesta entender a las partes, que por medio del uso de la fuerza a través de la guerra no se solucionará el problema. Al revés, lo único que provocará es el enquistamiento del problema en la región, con dos pueblos que solo con el diálogo conseguirán con buena voluntad solucionar el motivo de fricción entre ambos.

Evidentemente hay muchos intereses en la región que implican a otras potencias, a las cuales parece ser, que la discordia les favorece, por eso no se ha logrado poner fin a esa aberración de que un pueblo quiera imponerse al otro, negándole el derecho a tener un Estado.

Pues por esa circunstancia, Oriente Medio es un avispero, siempre a punto de estallar por cualquier provocación premeditada. Cosa que solo provoca horror, destrucción y muerte.

Partición del protectorado británico de Palestina

Horrorizado el mundo con la salvajada cometida por los nazis, que quisieron borrar al pueblo hebreo de la faz de la tierra, se trató de subsanar para que eso no se volviese a producir nunca más.

Llegándose a la conclusión, que el mejor lugar sería que se instalasen los hebreos en Palestina, que por razones históricas de ahí se habían dispersado desde hace más de 2000 años. Obviamente como allí ya había un pueblo instalado desde hace milenios, había que partir el territorio del Protectorado Británico de Palestina. Decidiendo su división en una parte palestina y otra parte hebrea. Asignándose el 55% del territorio a los hebreos y el 45% para los palestinos. Se podrá pensar, los que se van a instalar, se quedan con mayor proporción de territorio que los que ya habitaban allí, parecerá injusto. Pero seguramente se decidió así, porque de la parte asignada a los hebreos, estaba la zona árida del desierto del Negev.

Obviamente los palestinos ni el mundo árabe vieron con buenos ojos dicho arreglo, ya que como reacción natural, cualquier pueblo al que le digan que van a arrebatarle la mitad del territorio para dárselo a otro, se revolvería. Y así sucedió, pues el mundo árabe también veía la instalación de los hebreos como una espina clavada en medio de su territorio.

Acordada la partición de la ONU, en que se repartía de manera inconexa el territorio entre los dos pueblos. El 29 de Noviembre de 1947 la Asamblea General de las Naciones Unidas, reunida en Nueva York, aprobó la Resolución 181 de dividir el Protectorado Británico para dos Estados uno árabe y otro judío, con Jerusalén y Belén como zona internacional. La negativa del gobierno británico de llevar a la práctica dicho plan, junto al rechazo de los países árabes de la región, tuvo como consecuencia una guerra civil, que estalló al día siguiente de su aprobación. Con una votación de 33 votos a favor, 13 en contra y 10 abstenciones, entre los estados que representaban la ONU en la época.

Como es obvio los judíos celebraron el plan, que les iba a conceder una patria por fin. Dando pie al sionismo, ideología y movimiento político que aspiraba a que los judíos tuviesen una nación, fundado por Theodor Herzl. Periodista austro-húngaro, como respuesta a la ola antisemita que recorría Europa, la finalidad era fomentar la emigración a Palestina en el siglo XIX.

El desencuentro entre los judíos, que no aceptaban bien, tener un Estado discontinúo en tres regiones y los árabes, que no admitían que se les quitase la mitad del territorio para dárselo a los judíos, desencadenaron una guerra civil en el Protectorado Británico de Palestina.

Eso dio lugar a que empezasen los enfrentamientos y guerras, donde el movimiento sionista, no aspiraba solo a tener una nación para los judíos, sino a recrear el gran Israel bíblico. En que estando mejor preparados los israelitas, llevaron las de ganar. Y en lugar de contar con el 55% del territorio según la ONU, acabó agrandándolo a través de la guerra con la firma del armisticio de 1949. Pasando a disponer del 78% del territorio. El restante 22% del territorio quedó repartido entre Egipto y Jordania en su administración.

Esa partición y la guerra de 1948, provocó el éxodo de miles de palestinos, que denominaron la *"nakba"* (catástrofe). Donde los israelitas habiendo ganado esa guerra, desplazaron a 800.000 palestinos que tuvieron que abandonar sus tierras y propiedades en las nuevas zonas conquistadas por Israel. Con la huida de éstos a la franja de Gaza, Cisjordania, territorios que habían retenido los árabes en esa guerra. También hubo desplazamiento a los países limítrofes. Pues los israelitas veían un peligro que continuasen en los nuevos territorios conquistados, ya que provocaría un vuelco en el censo de Israel, donde habría más población árabe que judía.

Resolución 194 de la ONU

Determinó que todos los palestinos que fueron expulsados a la fuerza de sus tierras por la guerra con Israel, fue adoptada el 11 de Diciembre de 1948 por la Asamblea General de las Naciones Unidas. La Asamblea decidió que a consecuencia de la expulsión de centenares de miles de árabes, que hay lugar para permitir que los refugiados que deseen volver lo más pronto posible y vivir en paz con sus vecinos. Y que deben pagar indemnizaciones a título de compensación bienes de aquellos que decidan no regresar a sus hogares por los bienes o por los que hayan perdido o dañados, en virtud del derecho internacional o en equidad, esta pérdida o este daño deben ser reparados por los gobiernos o autoridades responsables.

Como es de suponer, Israel rechazó tal resolución, entre otros motivos, porque aceptar el regreso de los 800.000 palestinos desplazados, podría poner en riesgo, hasta la existencia del Estado de Israel. Lo que supuso el inicio de los rechazos de las resoluciones de condena, puesto que ahí estaban los EEUU para vetarlas.

Los palestinos que perdieron sus casas, tierras y forma de vida, se tuvieron que dispersar por los países árabes limítrofes. Líbano, Siria, Jordania y los territorios de Cisjordania y Gaza.

La diáspora palestina

A raíz de la guerra que se desató en 1948 entre judíos y palestinos, en la que los primeros salieron vencedores, empezó la dispersión de los palestinos por los países limítrofes y del oriente medio. Aproximadamente de la población que habitaba Palestina bajo mandato británico, dos tercios se vieron desplazados por las guerras que transcurrieron entre 1948 y 1967. Al ser sus tierras ocupadas por Israel.

De los aproximados 10.000.000 que figuran como desplazados, se puede decir que 5.000.000 están en Palestina, 3.000.000 en Jordania, 1.000.000 entre Siria y Líbano, 400.000 en Arabia Saudita y aproximadamente 500.000 en Chile, la mayor comunidad palestina fuera de Oriente Medio. Y También hay minorías en otros varios países.

La Agencia de las Naciones Unidas para los refugiados de Palestina en Oriente Próximo (UNWRA), tiene registrados más de 5.000.000 de palestinos. De los cuales 1.400.000 están repartidos en 58 campamentos, de los que 700.000 fueron los palestinos de la guerra árabe-israelí de 1948, que perdieron sus casas y sus medios de vida. Los palestinos refugiados en el siglo XXI, son desplazados de aquel éxodo y sus descendientes, llamados *"nakba"* (catástrofe).

La UNWRA, es la encargada del sustento de la educación sanidad, ayuda humanitaria y servicios a cargo de la ONU. Y han transcurrido 75 años desde entonces, pero todo sigue igual, pues Israel se niega a su vuelta, porque pasarían los hebreos a ser minoría en el propio Israel. Siendo uno de los puntos de desencuentro, siempre que se ha sondeado la posibilidad de llegar a la paz. Los palestinos, representan el no olvido de la *nakba*, portando las llaves de sus casas, con la esperanza de que algún día podrán volver a sus hogares, da igual si siguen en pie o fueron destruidos.

Los países árabes no aceptaron el resultado de la guerra de 1948, en que no había logrado su objetivo de expulsar a los judíos al mar, sino que además Israel aumentó su superficie de 55% a 78% en detrimento de los palestinos que mermaron del 45% asignado por la ONU para un 28%. Dedicándose estos a la acción de guerrillas de hostigamiento contra Israel.

Crisis de Suez

El Canal de Suez que había sido construido por Francia y Egipto en 1869, convirtiéndose en el enlace entre Gran Bretaña y la India Británica importante. Dada la importancia para que Gran Bretaña tuviese el comercio con sus colonias de Asia y Oceanía, decidió comprar la participación de Egipto.

Todo empezó a raíz del golpe de Estado encabezado por Gamal Abdel Nasser en 1952 contra el rey Faruq I, en la que proclamó la república y una política panarabista que sustituyó la prooccidental imperante hasta el momento. Apostando por un panarabismo, junto a Siria y Jordania, lo que desató antipatías de Francia y Gran Bretaña. Desatando una campaña antimperialista, que le llevó a querer nacionalizar el Canal de Suez, cosa que afectaba los intereses de Francia y Gran Bretaña en su posesión sobre el canal. Con la negativa de EEUU y Gran Bretaña de financiar la presa de Asuán, cosa que se habían comprometido anteriormente, dio el golpe de mano, nacionalizando el Canal de Suez 14 de Julio de 1956. Provocando la reacción de los accionista del Canal de Suez, máximos beneficiarios de los ingresos que generaba, el usufructo de los beneficios de todos los barcos que lo usaban. Mientras Israel afectado por el bloqueo de Nasser en los estrechos de Tirán que bloqueaba su puerto al mar Rojo de Eliat, decidió unirse a franceses y británico en defensa de sus intereses.

Israel, movilizó a sus fuerzas armadas el 29 de Octubre de 1956, con el factor sorpresa lanzó una ofensiva por la península del Sinaí y Gaza que estaba ocupada por Egipto desde la guerra de 1948. Cogiendo desprevenido al ejército egipcio, fue un éxito. Utilizando su interés propio Francia y Gran Bretaña se ofrecieron para mediar, en complicidad con Israel, pues sabían que Egipto no iba a aceptar las condiciones de mediación. Como así fue, siendo la excusa perfecta para la intervención de Francia y Gran Bretaña, que reunieron una flota con 100 barcos y 80.000 hombres.

Nasser al enterarse de los planes de Francia y Gran Bretaña, decidió hundir hasta 40 barcos en el Canal de Suez, que lo hiciera intransitable. El 5 de Noviembre de 1956 aviones y barcos franceses e ingleses bombardearon Port Said, con el objetivo de proteger el Canal de Suez, mientras que conforme lo acordado, Israel se detuvo en su invasión por el Sinaí a 16 km de la orilla del Canal, encontrándose a un ejército egipcio derrotado. Se dispuso el alto el fuego por la ONU. Acordando la retirada de las fuerzas de Israel del Sinaí y Gaza, haciendo valer la frontera del armisticio de 1949. Con la interposición de fuerzas de emergencia de la ONU en el Sinaí junto a la frontera de Israel. Acordándose la libre navegación de los barcos de Israel por el estrecho de Tirán en el mar Rojo.

Estados Unidos y la Unión Soviética no aceptaron el arreglo, la segunda porque interesada en su influencia en la zona con su alianza con Siria. Mientras que la primera, aludió que no fue informada de los planes de antemano por Francia y Gran Bretaña.

Aunque obtuvieron una victoria militar, la presión política de EEUU y URSS, forzaron a su retirada, con una derrota política de que habían pasado a ser dos potencias venidas a menos, que pasaban a quedar supeditadas a lo que dijeran EEUU y URSS.

Para Nasser, aunque solo cosechó derrotas militares, su figura salió reforzada en el mundo árabe, como el hombre que no se había plegado al dictado de las potencias.

La guerra de los 6 días

A raíz de la reacción de Gamal Abdel Nasser, de expulsar a las fuerzas de la ONU que llevaban presentes desde 1957 en la península del Sinaí, en 1967 con la ocasión de la *Crisis de Suez*, y la acumulación de 1000 tanques y de 100.000 soldados en la frontera de Israel, más el cierre de los estrechos de Tirán a los buques israelitas o barcos que llevarán materiales estratégicos para Israel, con el apoyo de las demás naciones árabes de la zona. Provocó que Israel reclutase 70.000 reservistas para apoyar a sus Fuerzas de Defensa.

Como la tensión fue constante entre Israel y los países árabes, desde el armisticio de 1949, era obvio que la situación de revancha estaba patente. De ahí que Israel, observando las coaliciones que se iban formando entre las naciones árabes, percibió el peligro que supondría un ataque por parte de éstas, pues la desproporción numérica y de material militar, les llevaría a la de perder. Por eso el gobierno de Israel, asesorado por sus generales, dedujo que era mejor tomar la iniciativa como factor sorpresa, antes de ser atacado.

El 5 de Junio de 1967 Israel invadió el Sinaí, Gaza, Cisjordania, Altos del Golán y Jerusalén este. Destruyendo las fuerzas áreas de la coalición árabe y derrotando a las tropas que aunque superiores en número, estaban mal organizadas y con unos mandos que mucho dejaban que desear. En su lucha contra la coalición árabe de Egipto, Jordania, Irak y Siria.

Con la presión diplomática, Israel aceptó el 10 de Junio de 1967 el alto el fuego. Israel ofreció retirarse a las fronteras de 1949 a cambio de la paz con los países árabes. Oferta que fue rechazada, permaneciendo en el Sinaí hasta la firma de paz con Egipto. Conservando Jerusalén Oriental, Altos del Golán, Cisjordania y Gaza.

Guerra del Yom Kippur

Guerra árabe israelí que duró desde el 6 al 25 de Octubre de 1973, en la que los países árabes de Egipto y Siria. Con excepción de ataques aislados, se desarrolló en territorio árabe, en el Sinaí y Altos del Golán, territorios que Egipto y Siria querían recuperar, además de querer reabrir el Canal de Suez.

Comenzando con un ataque sorpresa sobre los territorios conquistados por Israel en la guerra de los 6 días de 1967. En el día más sagrado para los judíos, Yom Kippur y durante el mes más sagrado del Ramadán. Las fuerzas egipcias y sirias cruzaron la línea de alto el fuego en el Sinaí y Altos del Golán, con un cruce masivo egipcio del Canal de Suez, prosiguiendo por el Sinaí sin oposición. Después de 3 días, Israel consiguió movilizar a sus fuerzas defensivas y lograr detener la ofensiva egipcia. Los sirios parecía que iban a recuperar los Altos del Golán, sin embargo 3 días después Israel consiguió empujarlos otra vez a la línea de alto el fuego de Altos del Golán. Luego lanzaron una profunda contraofensiva, que una semana después comenzó a bombardear las afueras de Damasco. Anwar el-Sadat preocupado por su aliado Siria, relanzó la ofensiva para conquistar dos pasos importantes en el Sinaí. Pero el ataque fue rápidamente repelido por los israelitas, entrando por una brecha entre los ejércitos egipcios, que le permitió cruzar el Canal de Suez y empezar a progresar por la orilla occidental hacia la ciudad de Suez.

El 22 de Octubre por medio de Naciones Unidas, se negoció un alto el fuego, que no funcionó, los israelitas completaron el cerco del tercer ejército egipcio, este acontecimiento llevo a tensión entre EEUU y la URSS por sus respectivos aliados.

Leonid Bréznev se pone en contacto con Richard Nixon, ya que ambos dirigentes eran los protectores de sus aliados en la zona. Reuniéndose en Moscú, para la declaración de un alto el fuego, el 20 de Octubre. El día 21 reunido de urgencia el Consejo de Seguridad de la ONU a propuesta de los EEUU y la URSS, dictando las condiciones para el establecimiento del mismo. Estableciendo que las fuerzas de ambos bandos se quedasen en las zonas que ocupaban el 22 de Octubre y el cumplimiento de la resolución del Consejo de Seguridad de la ONU 242. Pero Israel hizo caso omiso, continuó las hostilidades, poniendo en jaque a Egipto, lo que hizo que la URSS movilizase dos portaviones en el Mediterráneo, lo que puso en alerta nuclear a los EEUU. Acordándose el día 26 que Israel recibió la orden de los EEUU de parar de inmediato las acciones militares contra Egipto, aplicándose las resoluciones de permanecer en las zonas ocupadas el día 26 y no las exigidas en la de 338.

Se estableció una fuerza de contención entre las dos partes y se firmó el 11 de Noviembre 1973 el alto el fuego. Con un retirada parcial de Israel de la margen occidental del Canal de Suez que había ocupado. Después de la guerra de 1973 con Egipto, le devolvió a este el Sinaí en 1975, reteniendo Gaza, firmando la paz. Siendo Egipto el primer país árabe que firmó la paz con Israel.

Camp David

Acuerdo firmado por el presidente egipcio Anwar el-Sadat y el primer ministro israelí Menájem Beguin, el 17 de Septiembre de 1978, tras doce días de negociaciones secretas, con la mediación del presidente Jimmy Carter de los EEUU. Firmando la paz en los conflictos territoriales entre ambos países. Cuyo fondo era que acabasen los enfrentamientos entre Israel y sus vecinos árabes, para más adelante abordar el problema de fondo, la cuestión palestina. Reconociendo implícitamente Egipto al Estado de Israel. Egipto deseaba que Israel se retirase de toda la península del Sinaí, así como de Cisjordania y Gaza, con la eliminación de los asentamientos ilegales.

Casi fracasa el acuerdo tras una crisis, pero el 17 de Septiembre se firmó con el refrendo de los EEUU el acuerdo. Acordando que Israel se retiraría por completo del Sinaí y desmantelaría los asentamientos ilegales, devolviendo la plena soberanía a Egipto, que no podría más que mantener un reducido número de tropa. Egipto reconoció a Israel, cosa que no gustó en el mundo árabe.

En segundo lugar se firmó un acuerdo básico que establecía un calendario y competencias para negociar un régimen autónomo en Cisjordania y franja de Gaza. Que garantizaba la soberanía de Israel, pero también restringía a los palestinos, poder acceder a tener un espacio político y económico, lo que propició que se formase una resistencia que acabó desembocando en la intifada de 1987.

1ª Intifada Palestina

Conocida como *Revolución de las Piedras,* pues fue la forma de los jóvenes enfrentarse al ejército israelí. Movimiento popular de rebelión en Palestina contra las fuerzas israelíes, cuya finalidad era poner fin a las condiciones asfixiantes que sometía Israel con gran tasa de paro laboral, restricciones de movimiento, la represión a toda la población por las fuerzas de ocupación, la negativa a reconocer el derecho de autodeterminación, oposición a la formación de entidades estatales palestinas, etc.

El detonante fue, por el asesinato de cuatro trabajadores palestinos en el campo de refugiados de Yabalia, que fueron embestidos por un camión militar israelí el 9 de Noviembre de 1987 desencadenando numerosas manifestaciones en Cisjordania y Gaza. Surgiendo el (MNU) Mando Nacional Unificado, con la finalidad de mantener la intifada.

La intifada se extendió por las localidades de Ramallah, Belén, Tulkarem, Kalandia y Nablus. La respuesta israelí fue criminalizar el movimiento popular y uso desproporcionado de la fuerza militar, con más de 4000 detenciones, 400 muertos y unos 25000 heridos. Con el agravante que les provocaba a los palestinos, las confiscaciones de sus tierras y el asentamiento de colonos judíos.

El objetivo fundamental de la Intifada era, pedir el fin de las fuerzas de ocupación de Israel y la creación de un Estado sobre Gaza, Cisjordania y Jerusalén Este.

Conferencia de Paz de Madrid 1991

Fue una cumbre de paz celebrada en Madrid de 30 de Octubre a 1 de Noviembre de1991, con la finalidad de impulsar la paz entre Israel y los países árabes. Fueron promotores EEUU y la URSS. Participación de delegaciones de Israel, Egipto, Siria, Líbano, Jordania-Palestina, bajo el auspicio del Gobierno español. Que concluyó sin una resolución de paz firmada, fue la antesala de los acuerdos de Oslo.

Los palestinos no participaron propiamente dicho en la Conferencia no incluyendo a miembros de la OLP. Sin embargo sí acudieron representantes de la OLP a Madrid, para seguir los acontecimientos y hacer declaraciones.

Acuerdos de Oslo 1993

La declaración de principios sobre las disposiciones relacionadas con un gobierno autónomo provisional, fueron unos acuerdos firmados entre Israel y la OLP (Organización para la Liberación de Palestina). Con la finalidad de ofrecer una solución permanente en el conflicto palestino-israelí. Fueron conocidos como los acuerdos de Oslo I, que se complementaron con los acuerdos de Oslo II.

Los acuerdos contaron la presencia de Mahmoud Abbas por la OLP y ministro de relaciones exteriores de Israel Shimon Peres, el secretario de Estado de EEUU Warren Chritopher y el canciller de Rusia Andréi Kozyrev firmados el 13 de Septiembre de 1993. En presencia de Yasser Arafat por la OLP y Yitzhak Rabin por Israel y Bill Clinton como presidente de los EEUU en Washington D.C.

Puntos del acuerdo, dan un plazo de 5 años para negociar un acuerdo permanente, mientras en ese plazo Israel mantendrá como único responsable de exteriores, la defensa de las fronteras con Egipto y Jordania y la seguridad de los israelitas en Gaza y Cisjordania, inclusive los asentamientos de colonos en esas zonas, más la libertad de movimiento en las carreteras.

La creación de un autogobierno interino palestino (ANP) transfiriéndole a este los poderes y la responsabilidad en Gaza y Cisjordania. Las competencias en determinadas áreas de esas zonas eran en materia educativa, salud, cultura, bienestar social, tributación directa, turismo y una policía palestina.

Quedan excluidas las cuestiones como Jerusalén, los refugiados palestinos, los asentamientos israelíes, la seguridad y las fronteras. Constando de varios artículos 17, anexos 4 y varias actas.

Áreas A, B y C de Cisjordania, fueron los tres sectores administrativos de manera provisional hasta que se alcance un acuerdo definitivo.

Superficie reconocida por la ONU como Palestina 6.240 km2

El área A administrada exclusivamente por la Autoridad Nacional Palestina con una superficie del 18%, el área B administrada por la Autoridad

Nacional Palestina y control militar por Israel con una superficie del 22% y el área C que es donde están los asentamientos israelitas controlada exclusivamente por Israel, con una superficie del 60%. A fecha de 2023 la población palestina de Cisjordania y Gaza es de aproximadamente 5.500.000 de habitantes palestinos y más de 700.000 colonos israelitas, que se han ido instalando en asentamientos ilegales según la ONU desde 1967.

En el área A, según los acuerdos, incluía solamente un 3% de Cisjordania en 1995. Llegando en 2013 a incluir un 18%. Pero desde la Operación Escudo Defensivo de 2002, Israel a través de su ejército incumple la prohibición de entrar en la zona A, cosa que hace siempre que quiere producir arrestos. Todos los ciudadanos israelíes, tienen prohibido entrar en la zona A.

El área B que inicialmente comprendía una superficie del 25% de Cisjordania, compartida por la Autoridad Nacional Palestina e Israel, fue reducida, ya que Israel volvió a ocupar el 3% del territorio. Incumpliendo una vez más lo acordado.

En el área C que es de control militar y civil de Israel que representaba el 74% de Cisjordania, de acuerdo al memorándum de Wye River de 1998, Israel debía retirarse del 13% que pasaría a ser área B, incumpliendo lo acordado, Israel solo se retiró del 2% del territorio volviendo a ocuparlo a raíz de la Operación Escudo Defensivo. Con la restricción total a cualquier desarrollo urbanístico de los palestinos que ya vivían en el área C. Por eso a fecha del año de 2014, Israel solo había concedido 1 permiso de obra a los más de 150.000 palestinos residentes. Desde entonces Israel solo ha hecho que intensificar los asentamientos ilegales en el área C, con el firme propósito de jamás cumplir con lo acordado, sino anexarse dicha área.

Pues dicha área C debía haber sido transferida en 1999 al control palestino. Cosa que Israel incumplió obviamente. No permitiendo jamás que se establezca cualquier palestino nuevo en el área, mientras que incentiva a judíos de todas las partes del mundo que emigren a Israel, para asentarlos y hacer crecer cada vez más la población en la zona que según los acuerdos deberían ser el nuevo Estado palestino.

En los acuerdos de Oslo se cometieron numerosas violaciones, como por ejemplo como contramedida a los asentamientos de colonos judíos en Cisjordania, los palestinos construyeron el de Bab al-Shams en la zona al este de Jerusalén, declarado "ilegal" por el gobierno de Israel, siendo evacuado enseguida en 2013. Los colonos israelíes han violado en numerosas ocasiones los acuerdos de Oslo, extendiéndose por el área B, confiscando tierras de cultivo, como los asentamientos de Amona y Ofra, en que donde los terrenos de los palestinos fueron confiscados para su desarrollo. El asentamiento de Itamar, que se ha apropiado de tierras y recursos de los pueblos palestinos de Yanun, Awarta y Enaibus, todos ellos en el área B, más los asentamientos de Esh Kodesh y Mitzph Ahiya que también han confiscado tierras, más el asentamiento de Ma'ale Rehav'am que ha construido sobre una reserva natural acordada en dichos acuerdos.

Quedando claro que con los palestinos las leyes se aplican férreamente, mientras que con los israelitas, todos sus desmanes se pasan por alto y se mira para otro lado.

La Paz entre Israel y Jordania

La Liga Árabe reconoció en 1974, a la OLP como el único representante del pueblo palestino. Cesando los lazos representativos de Jordania con Cisjordania el 31 de Julio de 1988. Tomándose como cierto que Cisjordania y Gaza, debían ser los territorios que tendría Palestina como Estado. Quedándose Jordania como custodio de los lugares santos de Jerusalén a raíz de la firma de paz de 1994 entre Israel y Jordania. Pero como Israel no respeta los acuerdos internacionales que firma sino que obra según la conveniencia del momento, no ha respetado dicho acuerdo. Provocando enfrentamientos políticos con Jordania, al humillar al jeque o embajador de Jordania en Jerusalén. De manera que lo es *de iure*, pero no de facto.

Como la historia se repite, Israel empezó a aplicar la misma política que hizo Alemania con ellos, reprimiendo, confiscando tierras, colonizando en una política de apartheid que hiciera inviable cualquier estado palestino, en pro de su Gran Israel. Y con esas viene sufriendo el pueblo palestino, negándole el derecho a una nación, mientras Israel se burla de todas las resoluciones en su contra de la ONU, con el apoyo de EEUU que las bloquea. Ya que la ONU considera que las fronteras de 1967 de Cisjordania y Gaza, constituyen los territorios donde se asentará el Estado de Palestina con capital en Jerusalén Este. Cosa que la mayoría de la comunidad internacional considera, ya que es el territorio que les quedó a los árabes, después de la guerra de 1948.

Dicho acuerdo se firmó en Aravá por parte de Isaac Rabin por Israel y por Albedsalam al-Majáli por parte de Jordania el 26 de Octubre de 1994, que se realizó en el contexto de llegar a un acuerdo de paz entre Israel y la OLP. Con seis puntos principales, demarcación de la frontera, asuntos hídricos, seguridad, libertad de movimiento, lugares de significado histórico y religioso, refugiados y personas desplazadas.

Quedando Jordania como garante de los santos lugares, cosa que Israel ha violado numerosas veces, llegando inclusive a invadir la Mezquita de de Al-Aqsa, en la explanada de las mezquitas. Siempre con la excusa de perseguir células terroristas. Donde empezó la 2ª intifada, que duró 5 años, después de la visita de Ariel Sharon en actitud provocativa al lugar santo para los musulmanes. Que ocasionó la muerte de 1000 israelitas y 3500 palestinos.

Desconexión de Jordania de Cisjordania

A raíz de la guerra árabe-israelí de 1948, los territorios al Oeste del río Jordán fueron conquistados por Jordania, anexándose oficialmente el 24 de Abril de 1950, anexión solo reconocida por Gran Bretaña, Irak y Pakistán. En la guerra de los seis días Israel ocupó dicho territorio. En 1972 el rey Hussein de Jordania propuso una federación entre Cisjordania y Jordania, que nunca se llevó a cabo. En 1974 la Liga Árabe reconoció a la OLP como el único representante del pueblo palestino.

El 31 de Julio de 1988 el rey Hussein de Jordania anunció la ruptura de todos los lazos administrativos legales con Cisjordania, a excepción de los sitios sagrados de los musulmanes en Jerusalén. Comunicó que tomaba esa decisión con la finalidad de que el pueblo palestino tuviese la posibilidad de establecer un Estado independiente.

La OLP proclamó el establecimiento del Estado de Palestina el 15 de Noviembre de 1988 desde Argel (Argelia). En Febrero de 1989 declaró ante el Consejo de Seguridad de la ONU, que 94 países reconocían a Palestina. Reconociendo la ONU que el territorio palestino abarcaba una superficie de 5.655 km2 Cisjordania, 220 km2 del Mar Muerto y 365 km2 de Gaza. Un total de 6.240 Km2.

Pero como es obvio, esa voluntad de Jordania de renunciar a Cisjordania, para que los palestinos tuviesen un territorio sobre el cual asentar el Estado de Palestina, no fue aceptado por Israel, que considera Cisjordania terreno sin dueño, una vez que Jordania renunció a él. Y como no hay un país con el cual tenga que negociar su devolución, dan por hecho que tienen todo el derecho de resucitar su Judea y Samaria bíblicas desde hace más de 2.000 años. Con ese argumento ha ido colonizando el territorio de Gaza y Cisjordania.

Bandera del Estado de Palestina

Muerte de Isaac Rabin

El asesinado de Isaac Rabin tuvo lugar el 4 de Noviembre de 1995 a las 21:30 h. en Tel Aviv al final de una concentración en apoyo a los acuerdos de Oslo. El asesino fue un judío ultranacionalista llamado Yigal Amir que estaba radicalmente opuesto a la paz a través de los acuerdos de Oslo. En la manifestación contra la violencia.

Rabin fue menospreciado por la ultraderecha y los líderes del Likud, que percibieron en los acuerdos de Oslo, el inicio de pérdida de los territorios conquistados en 1967. Los líderes religiosos consideraban que retirarse de cualquier "tierra judía", era una herejía. Y el futuro el futuro primer ministro Benjamin Netanyahu acusó a Rabin de estar alejado de los valores y tradición judía. Los rabinos de derecha asociados con los colonos, prohibieron la concesión de tierras a los palestinos, así como a las Fuerzas de Defensa de Israel, que evacuaran a los colonos judíos en virtud de los acuerdos de Oslo. Algunos rabinos, proclamaron el "Din Rodef" basado en la ley tradicional de autodefensa, contra Rabin personalmente. Ya que estimaban que cumplir los acuerdos de Oslo significaban poner en peligro la vida de los judíos.

En manifestaciones organizadas por el Likud, presentaron manifestaciones dónde Rabin aparecía con el uniforme de las SS nazis, comparando al partido Laborista de Rabin, con el partido NSDAP de los nazis y el propio Rabin con Hitler, coreando "Rabin eres un asesino" y "Rabin eres un traidor"

Siendo Benjamin Netanyahu el principal instigador de la muerte de Rabin, que dirigió en Julio de 1995 una procesión fúnebre con un ataúd en un mitin en que corearon "Muerte a Rabin". El jefe de seguridad interna Carmi Gillon alertó a Netanyahu de un complot contra Rabin, pidiéndole que moderara la retórica de las protestas, cosa que Netanyahu se negó.

Rabin no hizo caso de las protestas, desoyendo las recomendaciones de Carmi Gillon, que le recomendaba que usara un chaleco antibalas y el coche blindado que le había ofrecido.

Posteriormente Yigal Amir un estudiante de derecho de 25 años, que realizó al fin del mitin 3 disparos contra Isaac Rabin, que murió poco después en la mesa de operaciones del hospital, su asesino fue condenado a cadena perpetua. Accediendo como primer ministro Shmon Peres, el que continúo hasta el final del mandato de Isaac Rabin. En las próximas elecciones y sucesivos gobiernos, han estado dirigidos por el Likud y partidos religiosos, con la figura de Benjamin Netahyahu dirigiendo algunos de ellos. Cayendo desde entonces los acuerdos de Oslo en el olvido, paralizándose el proceso, con los sucesivos gobiernos de derecha y partidos religiosos que hubo desde entonces. Radicalizándose el fanatismo ortodoxo judío.

El Sionismo

Movimiento surgido movimiento surgido en Europa Central y Oriental cuyo propósito desde sus inicios era dotar a los judíos de un Estado. Su fundador fue un periodista de origen judío austro-húngaro del siglo XIX, llamado Theodor Herzl. Lo que fomentó la emigración judía a Palestina (Tierra Prometida). El sionismo se define a sí mismo como un movimiento de liberación nacional para la autodeterminación del pueblo judío.

El origen del nombre deriva del término Monte Sion de Jerusalén, acuñado por el editor austriaco de origen judío Nathan Bimbaum. Se usa como eufemismo para los judíos, por apologistas del antisemitismo.

La emigración hacia Eretz Israel se inició en 1882, denominada primera Aliyá, con un promedio de 20.000 judíos en cinco años, huyendo de la persecución antisemita de Rusia. La segunda Aliyá se inició en 1904 cada vez con más inmigrantes, fundando varios asentamientos agrícolas con la ayuda financiera de judíos poderosos de Europa.

Menorah

A lo largo del siglo XX fue ganando cada vez más adeptos, sobre todo después del holocausto. Los sionistas consideran a los judíos dispersos por el mundo como exilados. Adoptaron el hebreo como lengua semítica que se desarrolló en el antiguo reino de Judá, dejándose de hablar en el siglo I A.C. El responsable del resurgir como lengua hablada a partir de la lengua litúrgica fue un sionista, Eliezer Ben-Yehuda. Muchos sionistas cuando emigran a Israel, renuncian a hablar su lengua materna y adoptan nombres hebreos.

La base fundamental del sionismo es la restitución del Gran Israel, obviamente no el bíblico, porque es algo imposible salvo para los creyentes, pero si el moderno que engloban Israel, Cisjordania, Gaza, los Altos del Golán y el Sinaí. Por eso habiéndose tenido que desprenderse del Sinaí, se aferra a no querer ceder ningún territorio más de los que ocupa. Que coincide más o menos con el territorio de las 12 tribus de Israel.

Siendo su principal anhelo, la resurrección de Judea y Samaria bíblicas de la cual salieron los judíos hace más de 2000 años, la actual Cisjordania. Por eso desde 1967 han ido asentando colonos judíos, para en un futuro descartar haciendo inviable un Estado de Palestina. Expulsando a los palestinos a Jordania, quedando su Tierra Prometida (Cisjordania) prometida por Abraham, como parte exclusiva de la patria judía recuperada.

El territorio de las 12 tribus de Israel

El territorio de las 12 tribus de Israel, abarcan zonas de los Estados modernos del propio Israel, Cisjordania, Jordania, Egipto, Líbano y Siria.

Los Asentamientos ilegales en Cisjordania

Desde 1967 con ocasión de la guerra de los seis días, el sueño del Gran Israel era un anhelo para los israelitas. Ocupada Jerusalén Este y Cisjordania, fue un proyecto empezar por colonizar la que los israelitas consideran su Judea y Samaria bíblicas. Territorio del que salieron hace más de 2000 años, pero se creen en el derecho de resucitarlas. Pues son la Tierra Prometida según Abraham.

Teniendo claro, que los israelitas jamás pensaron en la creación de un Estado palestino, la política de ir asentando judíos provenientes de todos los rincones del mundo en Cisjordania, era un hecho.

Los asentamientos, eran urbanizaciones construidas en tierras palestinas, que irían cumpliendo la labor de a medida que aumentaban, de hacer inviable la creación de cualquier patria para los palestinos. Al fin la resolución de la ONU 181, definía el territorio que debería ser para un Estado palestino y otro para un Estado hebreo, dividiendo. Asignando un 45% a los palestinos y un 55% a los judíos. Pero como es obvio, los árabes no vieron justo, que se instalase en su territorio la patria de los judíos, bajo el argumento que allí habían vivido hacía más de 2000 años. Lo que desembocó en la guerra árabe-israelí de 1948, en la cual se firmó el alto el fuego en 1949, reconociendo como propias las tierras que ocupaban el momento de la firma. Los israelitas en esa guerra consiguieron agrandar más sus tierras, logrando el 78% mientras que los palestinos se quedaron con el 22%.

En una política de complicidad entre el gobierno de Israel y los colonos judíos, se producen actos, con el fin de forzar a la población palestina a marcharse. Los colonos judíos tienen derecho según Israel, solo ellos a portar armas, para defenderse de los palestinos. Dado que la infinidad de asentamientos ilegales (legales para Israel) están, rodeados de una población palestina mucho mayor que los rodea. Cuando hay enfrentamientos, por ejemplo cuando los colonos invaden tierras que no les pertenecen, para cortar los olivos de los que viven en una economía de subsistencia los palestinos, para forzarles a abandonar sus tierras, al quedarse sin medio de vida, los colonos les disparan, ya que están amparados por el gobierno y ejército israelí que no interviene sino más bien muchas veces les apoyan en sus desmanes. Ocupando dichas tierras abandonadas con nuevos colonos judíos.

Según una ONG israelí B'tselem, denunció los ataques de los colonos judíos como una estrategia de Israel, para apoderarse de más tierras palestinas. En lo que va de 2020 a 2021, realizaron 450 ataques en la Cisjordania ocupada. Según datos de la misma ONG B'tselem, el ejército israelí no hizo acto de presencia en el 66% de los casos, y en los 183 casos que acudieron, el ejército no hizo absolutamente nada o inclusive apoyaba a los colonos en sus ataques a los palestinos. Tan solo en 13 casos el ejército intentó calmar a los colonos judíos. Dicha ONG difundió un video, donde se ve como cuatro palestinos son atacados por los colonos, mientras sembraban en sus tierras, que tuvieron que ser hospitalizados.

Israel ha violado desde 1967 las resoluciones de la ONU y el derecho internacional. Los asentamientos se aceleraron durante la administración de Donald Trump, que dijo que los asentamientos israelíes no eran ilegales.

La Comunidad Internacional y la ONU han condenado innumerables veces el tema de los asentamientos ilegales, pero no pasa de palabras, ya que no se toma medida alguna que presione a Israel. Por lo tanto Israel sigue 56 años después haciendo lo que le da la gana, no solo deteniendo, sino que acelera la instalación de asentamientos. Pues sabe que no pasará absolutamente nada, la Comunidad Internacional, mirará para otro lado.

Resoluciones de la ONU que Israel incumplió

<u>Resolución 2253 del 4 de Julio de 1967</u> – Rechazaba la expansión israelí y exigía la retirada de todos los territorios árabes ocupados, incluido Jerusalén Este. Como es obvio, siguiendo su línea Israel no la cumplió.

<u>Resolución 2254 del 14 de Julio de 1967</u> – Reiteraba su pesar por el incumplimiento por parte de Israel de la resolución 2253, reiterando que a rescindir todas las medidas adoptadas y desistir inmediatamente de cualquier actitud que alterase el status de Jerusalén Este. Siguiendo en su línea, Israel hizo caso omiso y no cumplió.

A partir de ahí, todas las resoluciones de condena y que pedían a Israel la retirada y la suspensión de las medidas adoptadas que alteraban los territorios conquistados en 1967, fueron ignoradas por Israel.

Al saber que no tenían consecuencia alguna, porque si había alguna condena de la ONU, esta era vetada de inmediato por EEUU.

Israel con la finalidad de afianzar más su ocupación, empezó a incentivar a todos aquellos judíos repartidos por el mundo, con subvenciones y tierras para instalarse en Cisjordania y Jerusalén Este.

Según denuncia de numerosas agencias de la ONU, la construcción de los asentamientos israelíes, se ha realizado a costa del desplazamiento y demolición, expropiación de sus casas y tierras sin indemnización alguna.

Jerusalén Este, Israel a raíz de su anexión en 30 de Julio de 1980, intensificó los asentamientos, llegando a darse la proporción que habitaban en 1993 150.000 palestinos y 155.000 judíos en el Este de la ciudad. Las naciones unidas en la resolución 2334 consideran que los asentamientos en Jerusalén Este son ilegales, calificando como una flagrante violación del derecho internacional. Israel no se siente aludido e ignora dicha resolución.

De todos los asentamientos desde la guerra de los seis días de 1967, Israel desmanteló algunos por acuerdos de paz con Egipto, de dónde desmanteló 18 asentamientos en el Sinaí con la retirada de 1981. En la franja de Gaza desmanteló 21 asentamientos y 4 al norte de Cisjordania.

En 2021, según datos del gobierno israelí vivían 475.481 en 127 asentamientos legales, más unos 250.000 colonos en Jerusalén Este. Pero además existen lo que se llama 135 "outposts" (asentamientos considerados ilegales por el propio gobierno israelí), pero que reciben un importante apoyo institucional.

En 2021 la Corte Penal Internacional inició una investigación sobre posibles crímenes de guerra cometidos en Palestina, entre los que se encuentran los asentamientos israelíes en territorio ocupado. Israel no se siente aludido e ignora dicho procedimiento y en caso de que hubiese una condena por la ONU, ahí está EEUU para ejercer su derecho a veto y dejarla nula.

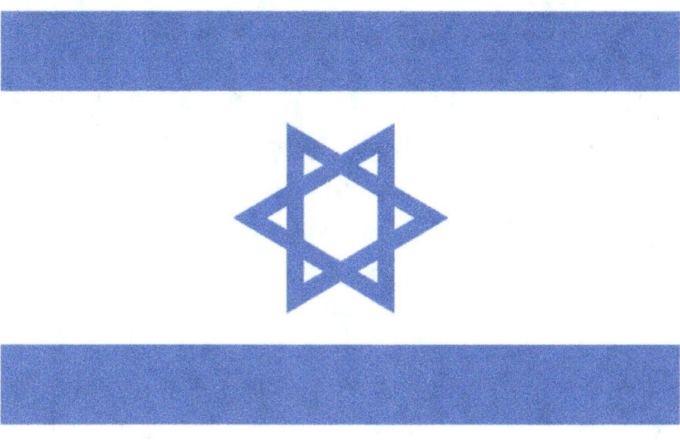

Bandera del Estado de Israel

Israel continúa con su política de incentivos para atraer colonos a Cisjordania, concediendo beneficios financieros e incentivos a los ciudadanos. Según el Comité de Naciones Unidas de Derechos Inalienables de los palestinos, no tienen derecho a esos incentivos fiscales o de otro tipo concedidos por el gobierno a los colonos israelíes. Y tienen la prohibición dc construir cn cl 70% dc Cisjordania.

Al inicio de la ocupación de 1967, Israel realizó 30 pequeños asentamientos con 4500 colonos. Hoy en 2023 hay más de 700.000 colonos.

Los asentamientos de colonos judíos en Cisjordania, son realizados de una forma completamente planificada. Los van instalando entremezclados con las zonas palestinas, con el fin de entorpecer la continuidad territorial. Y así hacer totalmente inviable un Estado palestino.

Además la línea verde del armisticio acordado en 1949, es constantemente violada, ya que con la excusa de protegerse de los ataques terroristas palestinos, Israel ha ido construyendo un muro-valla, que le aísle de los palestinos, dicho muro-valla no discurre a lo largo de dicha línea verde sino que se adentra en territorio palestino, el reconocido por la ONU, como propio de un futuro Estado. Expropiándoles de sus tierras y expulsándolos, para facilitar que se vayan asentando más colonos judíos. Al fin, los acuerdos de Oslo que se firmaron en 1993, para Israel no fueron más que una excusa para ir dando largas a algo que jamás piensa cumplir.

Según dichos acuerdos, se tendría que haber realizado el traspaso de la última zona C en 1999. Pero todo sigue igual, solamente en la zona A se ha permitido que sigan los "bantustanes" palestinos. Que aunque en teoría son de administración exclusiva por la Autoridad Nacional Palestina, Israel viola siempre que lo cree necesario, invadiéndolos con la excusa de que persigue terroristas.

La zona B que es de uso compartido, civil Autoridad Nacional Palestina y militar por Israel, tampoco se cumple, ya que instala asentamientos considerados ilegales por la ONU en dicha zona, incumpliendo lo acordado.

La zona C es una zona exclusiva de Israel cuya frontera con Jordania es de uso militar, dónde solo se pueden instalar asentamientos que diga Israel, solo la localidad de Jericó es de población palestina. Negándose por supuesto que cualquier palestino se quiera instalar en la zona, cosa solo reservada para los colonos judíos.

Por eso incentiva con más celeridad la inmigración de judíos de cualquier parte del mundo. Los judíos que se comprometen a venir a Israel, para repoblar su Judea y Samaria (Cisjordania), reciben todo tipo de ayuda, como tierras confiscadas a los palestinos, bonificaciones económicas, permiso de portar armas, etc. Pues empezó en 1967 con 4.500 colonos y 56 años después ya hay más de 700.000 instalados en asentamientos ilegales. Es su forma de así cada vez torpedear más la quimera de que haya un Estado de Palestina.

EEUU, con su lobby judío norteamericano, apoya incondicionalmente todas las barbaridades y atropellos de los derechos humanos que comete Israel. Y así al sentirse con carta blanca, hace y deshace a su antojo lo que quiere, sin respetar el derecho internacional o las resoluciones de la ONU. Pues sabe, que es EEUU el que maneja como marioneta la organización.

La ONU en lugar de estar al servicio de las naciones, está al servicio de EEUU, que amenaza en cuanto algo no va por los derroteros que quiere con recortes económicos y vetos a sus resoluciones.

El chantaje económico es el método que tiene EEUU para que los países coman de su mano y atiendan sus voluntades, es vergonzoso, pero es la realidad que hay actualmente. La ONU hace mucho que tendría que haber sido reformada y quitar el derecho de veto a los 5 países que lo tienen.

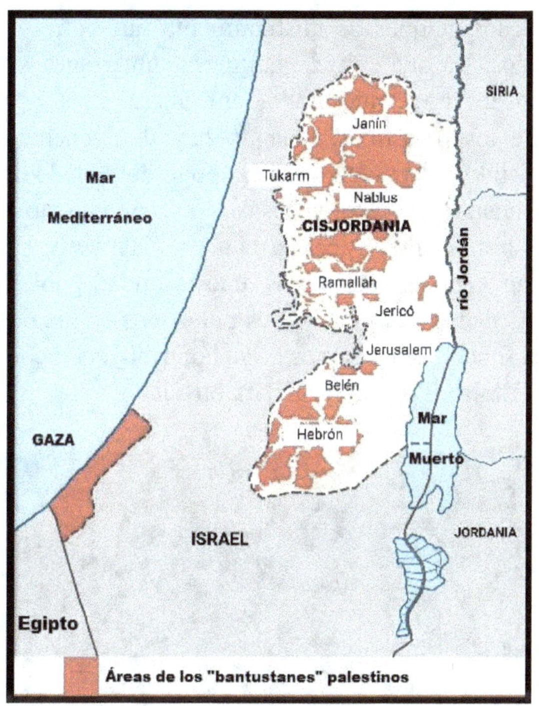

En los planes de Israel está, anexarse la zona C, dejando a los palestinos recluidos en sus "bantustanes" en una política de apartheid como islas rodeadas de territorio israelí.

Determinado a cada vez hacer más inviable un Estado palestino y con la benevolencia de los EEUU, ha ido creando "bantustanes" copiando el método sudafricano para aislar en "islas" territoriales a los negros.

Es una manera de tenerles más controlados, con más de 250 chek-points o puntos de control israelíes repartidos por Cisjordania fijos o móviles del ejército israelí, a modo de entorpecer y hacer la vida imposible a la población palestina cercada en esos "bantustanes"*. Que haciéndoles la vida así, instrumentaliza su idea de acabar expulsándolos de Cisjordania, pues en el fondo, el gran sueño judío sería que se fuesen a Jordania y dejar su Judea y Samaria, como ellos llaman a Cisjordania, limpia de indeseables árabes.

En Cisjordania, los colonos judíos tienen derecho al porte armas para defenderse, los palestinos sin embargo no tienen derecho alguno de poder defenderse a los ataques de hostigamiento que sufre constantemente por dichos colonos. Ya que existe una guerra subterránea, con la complicidad del gobierno de Israel, que dichos enfrentamientos vayan provocando la expulsión de los palestinos. Cuando hay desavenencias entre ellos, los colonos sabiendo que cuentan con el apoyo del Estado de Israel, al saberse armados, dilucidan muchas veces sus enfrentamientos disparando a los palestinos, ocasionando a veces hasta la propia muerte. En la mayoría de los casos, quedan impunes tales actos, puesto que el gobierno de Israel no es imparcial, quedando marginados los palestinos en medio de las injusticias. Ya que en el fondo, esos colonos están contribuyendo con el Estado a lograr la Limpieza Étnica. Por eso mira para otro lado.

Muro de Lamentaciones (Jerusalén)

Por ejemplo, si hay un atentado contra israelitas, se toma la represalia de expropiar la casa de la familia del autor demoliéndola, dejando en la calle a la familia del autor del atentado. Así consiguen ir expulsándolos de las zonas, que quedan libres y expeditas para que las ocupen nuevos colonos israelitas. Por eso muchas familias palestinas viven recluidas en sus casas, para no dar cualquier excusa, como discriminados que son por la potencia ocupante que no cumple con su deber de protegerlos. Pues saben que pueden ser expulsados de su casa y tierra con cualquier excusa.

Todos esos actos son condenados por la ONU, pero no pasan del papel mojado, pues EEUU con su derecho de veto, impide que cualquiera de esas condenas perjudique a Israel.

"Bantustanes"* - Reserva tribal segregacionista de apartheid para concentrar población por etnia, (en este caso a los palestinos).

Las tensiones son constantes en dichas áreas, puesto que los colonos israelitas, que llegaron a partir de 1967, consideran que el invasor de la tierra son los palestinos. Pues en su fanatismo, consideran que Judea y Samaria (como llaman a Cisjordania), es su Tierra Prometida por Abraham de la cual fueron expulsados hace más de 2000 años. Y por lo tanto hay que echar los palestinos a Jordania, para restaurar la posesión judía de su territorio bíblico.

Tiene guasa la cosa, que los judíos que han venido de todas las partes del mundo a colonizar Cisjordania, se crean dueños de una tierra que lleva siendo habitada por los palestinos, miles de años. Pero así es el fanatismo cegador de la razón. Se aprovechan de que Israel que no cumple ni respeta los mandatos de la ONU, para hacer lo que les viene en gana, con el apoyo de Israel.

Que creencia religiosa tendrán los colonos, que su dios Yahvé, que les permite matar a seres humanos, expropiarle sus tierras, demoler sus casas y expulsarlos del lugar. Los colonos en su mayoría los que están en los asentamientos ilegales de Cisjordania, son judíos ultra-ortodoxos.

Pues aunque internacionalmente Israel es la potencia ocupante, por lo tanto la responsable de velar por la población ocupado, además de no defenderlo, al revés se aprovecha de su situación de prepotencia con la impunidad de que sus actos no serán castigados, para reprimir aún más al pueblo palestino.

La represión de Israel en los territorios ocupados

Con una política clara de discriminación, Israel desde la invasión y ocupación en 1967, jamás quiso que se constituye un Estado palestino en los territorios que ocupó. Su gran sueño, aunque no manifiesta políticamente es, la resurrección de sus Judea y Samaria bíblicas. Por eso tampoco ha querido asimilar a los palestinos, sino más bien aceptar su presencia, mientras poco a poco los va desplazando, anhelando expulsarlos a los países vecinos de Egipto y Jordania.

Le traen al pairo las condenas de la ONU, se las salta todas porque sabe que ahí tiene al Tío Sam, para bloquearlas y dejarlas sin efecto, de manera que les pueda perjudicar.

Como potencia ocupante, según el derecho internacional, tiene la obligación de su sostenimiento, de no colonizar con sus nacionales, etc. Pues justamente hace todo lo que está prohibido, coloniza con asentamientos de manera sistemática y planificada de que dichos asentamientos al estar entremezclados con "los bantustanes palestinos" a propósito, discrimina a los palestinos frente a los colonos y ejerce una política de "apartheid con ellos.

Incumpliendo los derechos humanos, va poco a poco invirtiendo la proporcionalidad demográfica, cada vez hay más judíos viviendo en dichos territorios ocupados. De manera intencionada y clara de lograr sus objetivos trazados desde la invasión de 1967. Con el objeto de que con el paso de los años y con sus constantes atropellos, se den por hechos consumados todos en el derecho internacional. Además con una reivindicación permanente de la soberanía israelí en los territorios ocupados.

Cometiendo actos inhumanos, por los militares israelíes contra los palestinos, como ejecuciones arbitrarias y extrajudiciales, la tortura, la denegación de derechos fundamentales, un número alarmante de muerte de niños, los castigos colectivos, con un sistema militar judicial abusivo, intensa violencia militar, con demolición de viviendas y expropiación de sus tierras.

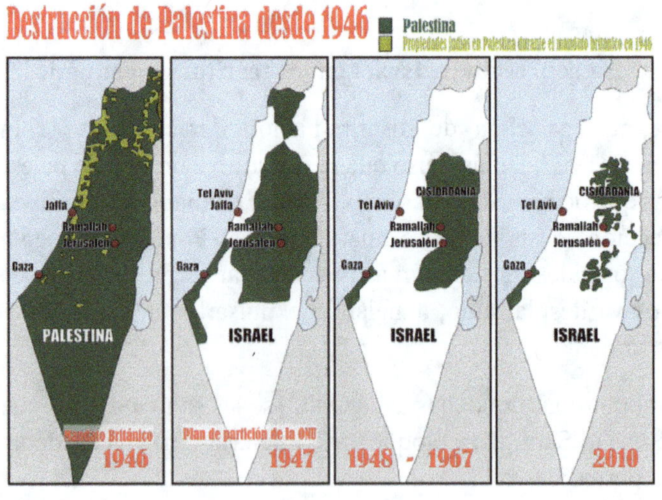

La inacción internacional ha conducido a esta situación, pues sabe que puede obrar a su libre albedrío, que las condenas de la ONU, no le afectan en absoluto. Con una actuación de su protector EEUU que avala todas sus decisiones, por muy ilegales que las vea la comunidad internacional.

Puntos de divergencia para una hipotética paz

Jerusalén – Israel considera su soberanía sobre toda la ciudad, incluida la parte Este que fue ocupada en 1967 y anexada en 1980, que es su capital indivisible. Mientras que los palestinos reclaman como la parte de Jerusalén Este, como la capital del Estado palestino.

Fronteras y Terreno – Los palestinos demandan que su Estado se establezca en base a las fronteras existentes antes de la invasión israelí del 4 de Junio de 1967. Que era del 22% del antiguo protectorado británico de Palestina. Israel rechaza eso, quiere que se engloben como su territorio, lo que han ido expropiando y ocupando, o sea reducir a un 15% el territorio palestino. En la partición de la ONU era 55% para Israel y 45% para Palestina en 1947. Después de la guerra árabe-israelí, con la firma del armisticio de 1949 aumentaron su territorio los israelitas hasta un 78%. Y ahora sería un 85% para Israel y un 15% para Palestina.

Asentamientos – Tras la guerra de los 6 días de 1967, el proyecto de Israel era resucitar en Cisjordania (Judea y Samaria bíblicas) Para la consecución de tal fin, empezó a instalar asentamientos con colonos y a su vez hacer totalmente inviable un Estado palestino con continuidad territorial. En 1967 empezó con 4 asentamientos con 4500 colonos hoy en 2023 hay más de 700.000 instalados en Cisjordania y Jerusalén Este.

Retorno de los refugiados – Según cálculos de la OLP son más de 10 millones, la ONU tiene registrados a más d4 5 millones. Sostiene la OLP que esos 10 millones tienen derecho de regresar a lo que es el Israel reconocido por la ONU, pues fueron expulsados con ocasión de la guerra de 1948. Israel se niega a aceptar eso, pues sería destruir su identidad como Estado judío.

Recursos hídricos – La zona es especialmente seca y desértica a la vez, las principales fuentes de agua son el río Jordán y los acuíferos de Cisjordania. Israel ha desarrollado una ambiciosa producción agrícola en terrenos que eran antes desérticos. Por eso la negociación es complicada en el recurso del agua, pues perdería el suministro de los acuíferos de Cisjordania. Aunque Israel defiende, que también le pertenecen, pues los 700.000 colonos que se han asentado en Cisjordania, también le da derecho a compartir dichos acuíferos de Cisjordania. (Los asentamientos son ilegales según la ONU)

El Apartheid en Cisjordania

En la vieja ciudad de Hebrón, conviven 42.000 palestinos y 700 colonos israelitas. Siguiendo la política colonizadora de Israel, de incrustar colonos en lugares donde era 100% palestina. Con su política de hostigamiento, la violencia se ha desatado entre palestinos y colonos. Con la diferencia que los palestinos están totalmente discriminados frente a los colonos que cuentan con el apoyo del gobierno de Israel. Siendo los palestinos sometidos a todo tipo de impedimento que dificulta su asistencia médica, como de movimiento para desplazarse.

En la zona conocida como H2, exclusiva de los colonos israelitas, cuenta con 21 puestos de control por las fuerzas de seguridad de Israel. Siendo un gran problema de movilidad, para que pueda acceder personal sanitario a la zona. El Ministerio de Sanidad palestino, gestiona un centro para personas con enfermedades graves, pero no hay nada más.

Teniendo los palestinos prohibido conducir en la zona H2 de los colonos, causando grandes trastornos a personas con movilidad reducida, como embarazadas, ancianos y personas que necesiten de atención médica de urgencia. La restricción también se aplica a vehículos de urgencia como ambulancias o bomberos.

Dándose casos como el de un bebe y dos hermanos palestinos, que al incendiarse su casa que estaba en la zona H2, suplicaron a las fuerzas de control que dejasen acceder a los bomberos, recibiendo la rotunda negativa, muriendo. Cuando hay enfrentamientos con los colonos o las fuerzas de seguridad de Israel, los controles suelen cerrarse, para impedir el paso de las personas, que quedan recluidas en los "bantustanes".

Según la ONU, entre 2015 y 2018, las fuerzas de seguridad israelíes registraron el 75% de las viviendas que había cerca de la zona H2 de los colonos. Donde habían sufrido 1/3 de los hogares algún tipo de agresión y 1 de cada 5 hogares, un niño había sido detenido.

Por el miedo a la violencia de los colonos o fuerzas de seguridad israelitas, muchos hogares, aguardan a que sus hijos vuelvan de los colegios, para encerrarse en sus casas.

Ese clima de constante enfrentamiento es provocado por los colonos israelitas, con el objetivo de que al hacerles la vida imposible, muchos decidan abandonar sus casas y tierras.

En 2022 murieron en Cisjordania, 85 palestinos considerados por las fuerzas de seguridad como israelitas como terroristas. La excusa es que las fuerzas solo se defienden de ataques.

Con la excusa de la seguridad, muchas zonas de los "bantustanes" están rodeadas por muros o alambradas de espinos. Resultando curioso, que justamente el pueblo judío que sufrió los horrores en manos de los nazis, empleen la misma táctica, recluyendo a la población palestina, vivir en guetos. Dicho muro que se ha levantado cercando Cisjordania, se adentra dentro del territorio reconocido por la ONU como palestino desde 1967, pero claro el recorrido de dicho muro, engloba muchos de los asentamientos ilegalmente instalados por Israel. Con lo cual Israel da por hecho que dichos territorio es israelí, ante los hechos consumados. El "muro de la vergüenza" tiene una longitud de 700 Km que circunda casi toda Cisjordania.

Mezquita de Al Aqsa – (Jerusalén)

Cuando se cruza el "Muro de la Vergüenza", los palestinos al entrar en Israel, son sometidos a más controles de carretera, muros y zonas de exclusión militar israelí.

Mosaico de zonas que ha creado Israel para mantener su colonización de la que consideran su Judea y Samaria bíblicas copiando a Sudáfrica cuando creo los "bantustanes" para mantener a los negros recluidos en reservas.

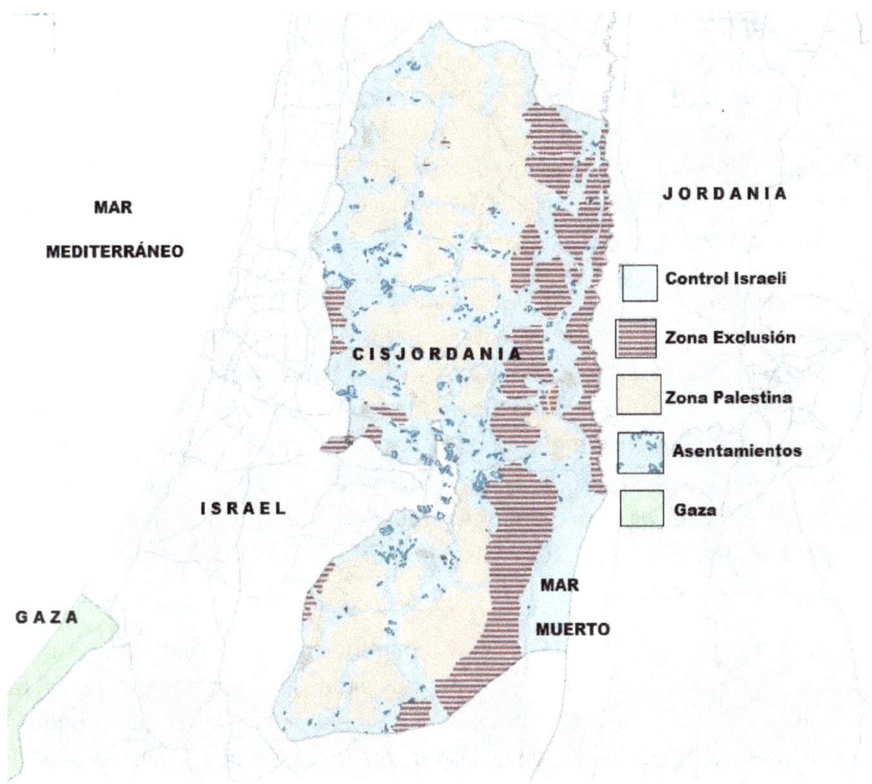

Áreas asignadas para control militar y civil entre palestinos y colonos según los acuerdos de Oslo de 1993 que definían las zonas A, B y C.

La política de Apartheid de Israel en Cisjordania, tiene como fin exclusivo, llegar a la anexión de gran parte del territorio, dejando a los palestinos los "bantustanes". Y como Israel lleva décadas ninguneando a la ONU, las resoluciones no le afectan. Pues ellos argumentan que Cisjordania (Judea y Samaria bíblicas) son territorios suyos históricos, puesto que allí vivieron hace más de 2000 años atrás.

Con lo cual no disimulan que esperan hacerse con el control efectivo reconocido internacionalmente como territorio de Israel. Acusando a la comunidad internacional y a la ONU de vivir obsesionados con la cuestión palestina. Pues según ellos, los palestinos no son más que un pueblo invasor, cuyo territorio real debería ser en Egipto y Jordania.

Obviamente esto sería imposible si no contase con el apoyo de los EEUU, que con su poder de veto en la ONU, deja sin valor alguno las condenas que se formulan contra Israel, el cual se considera exento de cumplir. Pues el lobby judío norteamericano, es quien maneja los hilos en EEUU, teniendo el poder de *poner y quitar presidentes,* por eso que sea Demócrata o Republicano el presidente es intrascendente, ya que quien marca la pauta en la política es el lobby judío norteamericano. Que como es obvio no van ir en contra de Israel, patria de sus raíces judías. Y eso es así desde la constitución del Estado de Israel.

Por eso habiendo invadido y ocupado Gaza y Cisjordania desde 1967, no ha sufrido cualquier tipo de boicot por los países de la órbita estadunidense. Lo cual le ha facilitado mucho las cosas, al no sentir su economía resentirse por ello. Los únicos que si han padecido las consecuencias fueron los países que ayudaron a Israel en la guerra del Yom Kipur con el asunto del petróleo, *la crisis del petróleo del 16 de Octubre de 1973.* Que tuvo graves consecuencias para la economía mundial, excepto para Israel, que fue generosamente surtido de petróleo por EEUU. Puesto que el petróleo duplicó su precio.

Sin embargo a pesar de la presión económica que representó para el mundo, EEUU siguió firme, soportando él y sus aliados las consecuencias, sin fallar a Israel, al cual siguieron apoyando. Dicha crisis lo único que provocó fue un nuevo enfoque a otras energías que no dependieran del petróleo, para que en un futuro no se volviesen a ver afectados si se volvía a producir un embargo así.

Las sucesivas ofensivas de Israel en Gaza

En el año de 2004, el 29 Septiembre Israel llevo a cabo dos ofensivas en la franja de Gaza, denominada "Días de Penitencia", motivada por la muerte de 2 niños israelíes, que derivó en una represalia, que costó la vida a 107 muertos y 140 heridos. Después llevó una segunda ofensiva el 24 de Octubre el mismo año, atacando el campo de refugiados de Jan Yunes, para acabar con el lanzamiento de morteros por parte de las milicias palestinas, con un resultado de 17 muertos.

En el año de 2006, hubo varias ofensivas, empezando por la del 9 de Junio que lanza que causa 15 muertos palestinos, la mayoría niños. En el mismo mes el 28 lanza la ofensiva "Lluvias de Verano" para liberar al soldado Guilad Shalit secuestrado tres días antes, ocasionando 165 muertos palestinos. El 26 de Julio lanza la ofensiva "Columnas de Sansón", con la finalidad de desmantelar los depósitos de cohetes lanzados desde la franja y ocasiona 22 muertos palestinos. El 17 de Octubre, Israel lanza la mayor ofensiva que desde Agosto de 2005 cuando evacuó ese territorio, para acabar con los túneles empleados por las milicias palestinas, para introducir armas desde Egipto, acabando con la muerte de 9 palestinos. El 1 de Noviembre, lanza la ofensiva "Nubes de Otoño" para impedir el lanzamiento de cohetes desde la franja, ocasionando la muerte de 50 palestinos.

En el año de 2007, el 25 de Mayo lanza una ofensiva con 9 días de operaciones áreas para impedir el lanzamiento de cohetes, que provoca la muerte de 38 y 157 heridos palestinos. El 27 de Junio, Israel lanza la mayor ofensiva desde que Hamás se hizo con el control y gobierno de la franja, lo que provoca la muerte de 13 y más de 40 heridos palestinos.

En el año de 2008, el 15 de Enero lanza una ofensiva que causa la muerte de 20 palestinos, la mayoría militantes de grupos armados. Del 27 de Febrero y 3 de Marzo lanza la operación "Invierno Caliente" en respuesta al lanzamiento de cohetes, provocando la muerte de 120 palestinos. Entre el 16 y 17 de Abril carros de combate bombardean el campo de refugiados de Al-Bureij mueren 20 palestinos, siendo que 5 eran niños.

En el año 2008/9 entre el 27 de Diciembre y el 18 de Enero, lanza la ofensiva "Plomo Fundido" en respuesta al lanzamiento de cohetes Al-Kasam por las milicias de Hamás en vísperas electorales, provocando en las 3 semanas la mayor matanza en 40 años, con 1300 muertos, la mayoría civiles y 5000 heridos, muriendo 13 israelíes en dicha operación.

El 15 de Septiembre, el comité de Naciones Unidas investigó las posibles violaciones de derechos humanos en la ofensiva, acusó a los dos bandos de cometer crímenes contra la humanidad.

En el año 2012, entre el 9 y 14 de Marzo, el asesinato selectivo del secretario general del grupo palestino Comités de la Resistencia Popular Zuhair Al-Kaisi, desembocando en una ola de ataques israelíes que provocan la muerte de 26 palestinos. Las milicias de la granja lanzaron 220 cohetes sin causar muertos. El 15 de Noviembre Israel emprende la operación "Pilar Defensivo", causando en 8 días 170 muertos y 1300 heridos palestinos.

En el año 2014, el 7 de Julio Israel lanza la ofensiva "Filo Protector", después que el brazo armado de Hamás Brigadas Azedin Al-Kasem anunciase el lanzamiento de andanadas de cohetes contra Israel, acordando el gobierno israelí ampliar la ofensiva contra el movimiento islamista. Según datos del ejército israelí fueron lanzados 200 cohetes, causando solo heridos. Y después del 12 de Junio haber sido hallados muertos 3 israelíes cuando hacían autostop cerca de las colonias de Gush Etzion en la Cisjordania ocupada. Y el 6 de Julio apareció asesinado el palestino de 16 años con signos de violencia y quemado Mohamed Abu Khder en un bosque de Jerusalén, víctima de una supuesta venganza de radicales judíos por la muerte de los 3 jóvenes israelíes.

Qué piensan los judíos de los palestinos

En una sociedad fanatizada, los judíos de Israel, cuya mayoría han venido a instalarse desde varias partes del mundo, bajo el paraguas del *"retorno"*, que reconoce el derecho a los judíos por todo el mundo de poder volver a la tierra de la que salieron hace más de 2000 años.

La visión generalizada en la mayoría de los israelitas es, que los palestinos son un pueblo invasor, de la Tierra Prometida que Abraham prometió al pueblo judío. Por lo tanto se creen por derecho divino a invadir y ocupar las tierras palestinas, de demoler sus casas, expropiar sus tierras, privarles de modo de subsistencia, con tal de lograr que se vayan a Jordania, según ellos.

Todos esos métodos apoyados por el gobierno de Israel, el derecho a portar armas solo a los colonos de los asentamientos ilegales, ponerles trabas para desplazarse a los palestinos, recluirles en *"bantustanes"* (guetos), con un muro que les rodea, privarles de los mismos derechos, detenciones arbitrarias; etc. Son vistos como buenos por la sociedad israelí, al fin tienen derecho a defenderse, (defenderse de un pueblo que ha visto invadidas sus tierras). En las cuales llevan viviendo desde hace miles de años.

Al ser vistos como seres subhumanos, los israelitas se aprovechan de los palestinos, para realizar todos aquellos trabajos que son rechazados por los israelitas, por ser trabajo duro y mal pagado. Sin tener los mismos derechos laborales que un israelita. Pero a los israelitas les viene muy bien tener esa mano de obra barata de la cual aprovecharse.

Como Israel es un país que no respeta el Derecho Internacional, se salta todas las organizaciones mundiales, sean del tipo que sean, inclusive en materia laboral. Digamos que ven a los palestinos, como semiesclavos.

Qué piensan los palestinos de los judíos

La reacción de la sociedad palestina es de frustración total, habida cuenta de que han comprobado desde 1948, que la justicia solo funciona para el más fuerte. Ya que de una partición que se hizo para subsanar el horror que produjo en el mundo el holocausto judío de los nazis, al final consiguió un conflicto que dura hasta nuestros días.

Al final de guerras y luchas, salieron perdedores los palestinos, que incapaces de hacer frente al apoyo internacional de las principales potencias que se posicionaron a favor de Israel. Quedándose los palestinos con un 1/4 de la Palestina y 3/4 los israelitas. Pero además con la invasión de 1967 los palestinos vieron que su tierra ese ¼ acabó también ocupada también por Israel, sufriendo todo tipo de vejaciones y prejuicios para su existencia.

Obviamente eso no hizo más que fomentar resentimiento y viéndose abandonados por la comunidad internacional, no les quedó más que la vía del terrorismo a través de diversas organizaciones. Y el aumento y odio hace los israelitas, vistos como el pueblo invasor que les arrebató su tierra y modo de vida, incrementó también la hostilidad entre las dos comunidades.

Con un umbral de pobreza extrema en muchas zonas palestinas, viven como pueblo sometido, agarrándose a cualquier acto que pueda reavivar el abandono al que están en el olvido de la comunidad internacional. Que se ha limitado a mirar para otro lado las injusticias padecidas, donde solo oyen buenas palabras pero huecas de propiedad.

Ese caldo de cultivo es el que ha producido la hostilidad entre dos pueblos, que por culpa de los políticos que se niegan a que tengan un propio Estado los palestinos, se arrastra un conflicto que dura décadas.

El Lobby Judío Norteamericano

Mucho se habla de su poder, pero aunque no sean ciertas las cifras exageradas que se dicen, sí que tienen poder aunque no sea el especulado. Y es que a día de hoy, la primera potencia mundial sigue siendo EEUU, aunque haya ido mermando su diferencia hacia los demás.

Aunque no representen un gran porcentaje de población, los judíos son los que manejan muchos medios económicos de EEUU. De lo contrario resultaría raro, que el conflicto entre árabes-israelíes que empezó en 1948, prosiga en nuestros días y que EEUU siempre se ha postulado con soporte económico y armamentístico de Israel. El dinero mueve montañas en la sociedad y los norteamericanos no son ajenos a eso. De ahí que las grandes fortunas judías de EEUU, tengan mucho poder de influencia.

Los judíos norteamericanos, aunque no apoyen en su mayoría, que existan gobiernos ultra-ortodoxos religiosos en Israel, si tienen ese vínculo milenario con su pueblo, por lo tanto en el momento que haya que acudir en ayuda de Israel, lo harán.

Los gobiernos de EEUU sean republicanos o demócratas, nunca han sido equidistantes, postulándose descaradamente a favor de Israel. Por eso los presidentes sean de uno u otro, obedecen a lo que dicta su formación, ya que saben del poder del lobby judío norteamericano.

Jamás ha habido una voluntad real de arreglar el conflicto de Oriente Próximo. ¿Por qué se preguntarán? Pues porque ese poder en los gobiernos norteamericanos a la sombra, condicionan todo. Y como es obvio, nunca se van a pronunciar para que haya una condena influyente que condicione a Israel a aceptar la paz. Y con el argumento de que la paz ha de ser logrado por el entendimiento mutuo de palestinos e israelitas, siempre será inviable. Pues Israel no es que se niegue a la paz, pero que sea una paz en base a sus condiciones.

Siempre que se ha planteado, lo tan cacareado de la solución de Paz y 2 Estados, Israel tiene alguna excusa para bloquear la solución. Ya que según los planes de la ONU, el reparto del antiguo protectorado de Palestina británico, debía concluir con dos Estados, uno palestino y otro israelita. Pero como es obvio y le hubiera pasado a cualquier país, si le dicen que va a perder la mitad de su territorio, para que se instale otro de dónde sus habitantes salieron hace más de 2000 años, lo vería algo injusto.

Desde 1967, se ha venido abordando lo de dar una patria a los palestinos, ya que parte del territorio en el que llevan viviendo miles de años, les fue arrebatado, para dar una patria a los judíos que habían sufrido el horror del holocausto.

Pero el poder en la sombra de EEUU solo acepta condiciones que apruebe Israel y el caso es, que desde la guerra de los 6 días de 1967, Israel cambió su planteamiento, de que en lugar de que hubiese 2 Estados, quedarse con todo el territorio que según la ONU era para dos.

En su política sionista, soñaban con la resurrección de Judea y Samaria (Cisjordania) bíblicas, como parte de la Tierra Prometida que les dijo Abraham. Y para tal fin, empezaron a colonizar, trayendo a judíos de todas la partes del mundo que estuviesen dispuestos a ser colonos allí.

Ha habido muchos ejemplos parecidos a lo largo y ancho del mundo de colonizar territorios invadidos, cosa que según la ONU es completamente ilegal. EEUU como guardián del mundo, ha intervenido en varios lugares del planeta, para que eso no sucediese, puesto que era algo injusto e ilegal.

Pero qué casualidad que cuando lo ha hecho Israel, no habido intervención militar alguna y lo único que ha pasado ha sido una condena con palabrería barata. Esto es, lo digo para quedar bien ante el mundo, pero bajo cuerda, doy la aprobación a que lo haga. ¿Por qué esa discriminación? Pues por la simple razón de que el lobby judío norteamericano condiciona las acciones de los gobiernos norteamericanos, sean de la índole que sean.

Si Israel se hubiese de verdad sentido presionado políticamente y económicamente, el problema se habría arreglado hace tiempo. Pero es obvio que eso jamás ha pasado, teniendo carta blanca para hacer y deshacer a su libre albedrío, por eso las decisiones de la ONU, no le han afectado.

En líneas generales, con el poder de veto de EEUU, Francia y Gran Bretaña en la ONU, nunca se ha pasado de condenas de palabra, pero sin poder alguno de persuasión a Israel.

Por lo tanto ese lobby aunque no vea siempre con buenos ojos las decisiones de Israel, jamás va a ir en contra de los postulados de ese sionismo. Por eso después de décadas, seguimos con estas carnecerías en que las víctimas inocentes son las que pagan los desencuentros por los intereses políticos. Y con la falsa creencia de que a sangre y fuego se va acabar con el problema, según Israel.

La Solución de los 2 Estados

Dejando aparte el sueño sionista del Gran Israel, hipotéticamente alcanzar dicha solución se ve complicada. Porque las dos partes no se ponen de acuerdo, ya que una parte resignadamente ha aceptado su papel de perdedor, mientas que la otra parte prepotentemente en su supremacía se cree en derecho de dictar las condiciones.

Los palestinos, anhelan tener su propio Estado, que aunque pequeño en un 22% del territorio del antiguo protectorado, desean poder vivir en paz, aunque ese punto de vista no sea uniforme, puesto que hay varias facciones que tienen su planteamiento. Pero la facción mayoritaria de la ANP asienta dicho Estado en lo que es Cisjordania, Jerusalén Este, parte del Mar Muerto y Gaza.

Los israelitas, aunque hubo una oportunidad que parecía que haría viable la paz, a través del gobierno laborista de Isacc Rabin - Shmon Peres, en los acuerdos de Oslo, cuando más cerca estuvo la paz, el fanatismo de un extremista de derecha desbarató todo, con su asesinato. En dichos acuerdos, se hablaba de la división de Cisjordania en tres zonas.A, B y C.

Zona A - Control exclusivo palestino.

Zona B - Control mixto, palestino civil e israelita militar.

Zona C – Control exclusivo israelí.

Salvo la excepción de 1999 a 2001 en que ejerció como primer ministro Ehud Barak del partido laborista, responsable del intento de paz de Camp David, que según él no llegó a buen puerto por culpa de Yasser Arafat, ya que este no aceptó la propuesta de un Estado palestino en Cisjordania y Gaza, pero con Jerusalén indivisible para Israel. Aparte de no llegar a un acuerdo sobre los refugiados y colonos.

Después del gobierno laborista de Ehud Barak, hubo una sucesión de gobiernos de extrema derecha y partidos religiosos, que impidieron continuar y llegar a buen fin.

La propuesta que plantean ahora los israelitas es, que los asentamientos ilegales, sean territorio israelí, que Jerusalén sea exclusivamente para Israel y no aceptan el retorno de los refugiados. Como es obvio los palestinos no aceptan, pues sería hacer inviable un Estado palestino, salpicado con

700.000 colonos repartidos en cientos de asentamientos incrustados entre los palestinos.

Los gobiernos de Israel desde 1967, jamás se plantearon el establecimiento de un Estado palestino en los territorios invadidos y ocupados de Cisjordania y Gaza. Por eso siempre que se ha intentado algún tipo de arreglo, han ido dando largas con alguna excusa.

El fanatismo que se ha extendido por la sociedad israelí, a través de los sucesivos gobiernos que ha habido en los últimos decenios, formados por la extrema derecha y con los partidos religiosos en coalición, no han más que exacerbado revivir un pasado desde hace más de 2000 años.

Para la mayoría de la sociedad israelí, politizada a través de la religión, el anhelo por resucitar su Judea y Samaria (Cisjordania), es el objetivo a cumplir. Ya que les han inculcado bajo preceptos religiosos, que no son más que la Tierra Prometida que les designó Abraham, como pueblo elegido.

Por eso colonizar Cisjordania (Judea y Samaria) para los judíos no es más que un deber divino. Para reconquistar algo que debió ser siempre Israel, de forma que a los palestinos, que siempre vivieron allí, para los israelitas no son más que invasores que hay que expulsar.

Los gobiernos de extrema derecha y partidos religiosos, han inculcado que hay que echar a los palestinos a Jordania y Egipto, pues según su parecer Judea y Samaria (Cisjordania) está ocupada por un pueblo que no le corresponde. Y en esa labor, desde 1967 han tratado de poner todo tipo de impedimentos, para que los palestinos, no se puedan extender e incrementar demográficamente. Donde por el contrario, a cualquier descendiente de judío, que esté en cualquier lugar del mundo, aunque haya salido hace más de 2000 años, tiene el derecho de volver a la Tierra Prometida. Para incentivar de manera que la población israelita aumente en dicha Tierra Prometida, les dan todo tipo de ventajas económicas y habitacionales para que se establezcan allí.

Los asentamientos ilegales, han sido su método de lograr que vaya poco a poco invirtiéndose la proporcionalidad entre palestinos e israelitas. Ya que la tasa de natalidad es mucho mayor entre los palestinos. Motivo por el cual, Israel siempre se ha negado a la vuelta de la diáspora palestina dispersa, ya que con 10.000.000 de palestinos que volviesen, sería mayoritaria sobre la población judía en Israel.

Además, Israel nunca tuvo en mente aceptar cualquier tipo de negociación, pues si así fuese, podría negociarse que los palestinos de dicha diáspora que regresasen, solo se pudiesen instalar en Gaza o Cisjordania. Lo que en cierta manera aunque no fuese del todo justo, despejaría el temor demográfico de Israel, con tal de lograr que los palestinos tuviesen un Estado,

Aunque claro eso no es más que una quimera, ya que los israelitas siempre han tenido alguna excusa, que impedía cualquier intento de llegar a un arreglo. A pesar de los palestinos, hayan aceptado que Israel exista como Estado, aunque del antiguo protectorado británico de Palestina, al final los israelitas se han quedado con el 78% mientas que los palestinos con el 22%.

Han llegado a la conclusión los israelitas, que mejor que se queden con el 100% y que los palestinos se vayan a vivir a Jordania y Egipto. Dejando que Judea y Samaria (Cisjordania), sea solo para los judíos.

Y en esa labor llevan desde 1967, colonizar Cisjordania (Judea y Samaria) para ellos y que llegue un momento en que la población judía llegue a ser mayoritaria sobre la palestina en la región. Para que al final, la Comunidad Internacional dé por hechos consumados y reconozca la posesión por los judíos del 100% del territorio, aunque signifique dejar sin Estado a los palestinos.

Y desde 1948 se siguen produciendo guerras entre árabes e israelíes, por una lucha desigual en que Israel cuenta con el apoyo de EEUU y la mayoría de los países importantes de Occidente. Mientras que los palestinos, han quedado reducidos a tener que aceptar los hechos consumados por el agresor invasor. Entre los fallecidos en ambos bandos, se puede establecer que han sido un 87% de palestinos contra un 13% de israelitas.

La ONU, que ha pasado a ser una mera marioneta en el conflicto, nada puede hacer, ya que el derecho de veto de los EEUU sobre cualquier condena que perjudique a Israel, impide que tenga efecto. Y la Comunidad Internacional es consciente de semejante injusticia, pero sigue supeditada a lo que diga EEUU.

Hasta la fecha solo ha habido palabrería barata, que no ha forzado para nada a que Israel se vea forzado a negociar. La única medida lograda es, que los productos de las zonas ocupadas de Gaza o Cisjordania, no pueden llevar la etiqueta de "Made in Israel" para exportar a la UE. Teniendo que poner

"Producto de Gaza" o "Producto de Palestina" aunque sea de los asentamientos ilegales israelitas.

A Israel como es obvio, no le ha sentado nada bien, protestando. Ya que está acostumbrado a llevar décadas burlándose de las resoluciones de condena de la ONU y haciendo lo que le viene en gana, sin reproche serio alguno.

Los palestinos han aprobado dicha medida, pues supone diferenciar los productos del propio Israel de aquellos que son de los territorios ocupados desde 1967 de Gaza y Cisjordania. Dejando claro que la UE no reconoce la soberanía de Israel de los territorios ocupados.

Incumplimiento de las resoluciones de la ONU

La ONU considera que Palestina es un territorio ocupado y hace tiempo que exige a Israel que se retire, frente los asentamientos ilegales de colonos judíos y favorezca la creación de un Estado palestino. Israel ha hecho caso omiso.

Israel con su actitud ha dejado claro que no está dispuesto a retirarse de los territorios ocupados desde 1967. Al revés incrementa los asentamientos ilegales en territorio palestino, para consolidar los hechos consumados. Ante la tibia reacción si es que se puede llamar así de la Comunidad Internacional, que queda supeditada a lo que digan los EEUU, que con su poder de veto hace imposible cualquier condena hacia Israel.

Las numerosas condenas de la ONU han caído en saco roto, en que rectifique su política hacia los palestinos y cumpla las obligaciones que impone la Convención de Ginebra a la potencia ocupante. Dichas condenas no son resoluciones vinculantes, aunque sean moralmente, pero a Israel le da igual lo que digan dichas resoluciones se burla de ellas, al amparo de su protector EEUU.

Muchas de las arbitrariedades que ha hecho Israel, ha provocado resoluciones aprobadas por el parlamento israelí eran contrarias al derecho internacional. Más de lo mismo, Israel no reconoce las resoluciones y hace lo que le viene en gana.

En la resolución 799 de Diciembre de 199, condenó enérgicamente la deportación de cientos de civiles palestinos efectuada por Israel y exigió el retorno inmediato y sin riesgo de todos los deportados a los territorios ocupados. Ni caso, la ONU para los demás, Israel se considera exento de cumplir.

En Marzo de 2002 se dio luz verde a la resolución 1397 del Consejo de Seguridad. Apoyaba el concepto de una región en que dos Estados, Israel y Palestina vivan uno junto al otro dentro de unas fronteras seguras y reconocidas. Y el cese inmediato de todos los actos de violencia, incluyendo todos los actos de terrorismo, provocación, incitación y destrucción.

A la vista de que Israel no atendía a ninguna de las resoluciones aprobadas, el Consejo de Seguridad volvió a insistir en Noviembre de 2003 con la resolución 1515. En ella el Consejo de Seguridad recordaba la validez de todas las resoluciones anteriores en cuanto a la situación de Oriente Medio y, en especial a las resoluciones 242, 338 y 1397. Pese al mensaje Israel hizo lo que ha venido haciendo con las resoluciones, caso omiso, hago lo que me da la gana.

Por eso en la resolución 2334 fue adoptada por el Consejo de Seguridad el 23 de Diciembre de 2016, para reafirmar que establecer asentamientos ilegales en el territorio palestino desde 1967, incluida Jerusalén Oriental, no tiene validez legal y expresar una grave preocupación por el hecho de que la continuación de las actividades de asentamientos israelíes están poniendo en peligro la viabilidad de la solución de 2 Estados basada en las fronteras de 1967.

Como si Israel no lo supiese, si justamente hace lo que le da la gana, porque no piensa obedecer ninguna resolución y si proseguir su labor colonizadora de expulsar totalmente a los palestinos.

La ONU perdió su papel fundamental al ser creada, pues las regalías especiales otorgadas a EEUU, Rusia, China, Francia y Gran Bretaña, con su poder de veto, echa por tierra todo aquello que se acuerde que vaya en contra de sus intereses. Y en el caso de Israel, como lacayo en la zona de EEUU, ha hecho que se desobedezcan todas, pues ahí está el Tío Sam para vetar y dejarlas en *"papel mojado"*.

Lo que ha permitido a Israel saltarse todas las resoluciones de la ONU, desde 1947, incumpliendo también las resoluciones del Convenio de Ginebra y del Tribunal de la Haya. Sabiéndose exento de cumplir con ellos.

Crímenes de guerra

A lo largo de varias décadas desde 1967 invasión y ocupación de Gaza y Cisjordania por Israel, que ha sido acusado varias veces de cometer crímenes de guerra.

Israel siempre lo ha negado como es obvio, sin embargo la Corte Penal Internacional, desde el año de 2021 mantiene una activa investigación sobre las acusaciones de crímenes de guerra de Israel cometidos en los territorios ocupados, de Gaza y Cisjordania.

Expertos en derechos humanos, como la ONU, Human Rights Watch y Amnistía Internacional han hecho acusaciones contra Israel. Siendo que en los últimos 50 años, oficialmente Israel solo ha declarado la guerra en 2 ocasiones. Sin embargo, expertos en derechos humanos, consideran que las incursiones de las fuerzas armadas de Israel en Gaza y Cisjordania, deberían ser posibles crímenes de guerra.

La situación de los derechos humanos en los territorios palestinos ocupados desde 1967, los asentamientos ilegales violan la prohibición de que una potencia ocupante, transfiera parte de su propia población al territorio ocupado.

De manera que se ha pedido a la Comunidad Internacional, que se consideren los asentamientos ilegales de Israel, como crímenes de guerra según el Estatuto de Roma de pueden constituir crímenes contra la humanidad, crímenes de lesa humanidad. 1998 de la Corte Penal Internacional.

En la guerra de Líbano de 2006 Human Rights Watch pidió al Secretario General de la ONU que estableciera una comisión internacional para investigar informes sobre las violaciones de guerra, incluidos posibles crímenes de guerra por parte de Israel.

En 2021 Amnistía Internacional documentó 4 ataques mortales contra viviendas residenciales sin previo aviso, que pueden constituir crímenes contra la humanidad, crímenes de lesa humanidad. La crisis palestino-israelí de 2021 se abrió una investigación sobre presuntos crímenes de guerra contra la humanidad en territorios palestinos desde 2014.

La protección de los EEUU a todos los desmanes de Israel

Desde 1948, la proclamación de la independencia del Estado de Israel, el presidente Harry Truman fue el primer mandatario mundial en reconocer al Estado judío. Demostrando el poder de influencia del lobby judío norteamericano.

EEUU ha proporcionado a lo largo de todos estos años desde la creación de Israel, millones de dólares en ayuda militar. Ya que Israel ha jugado un papel clave en la política estadunidense, pues ha sido su baluarte en Oriente Medio. Los últimos presidentes de EEUU intentaron pacificar la zona con la creación de los 2 Estados. Pero es una pescadilla que se muerde la cola, pues el lobby judío influye en las decisiones que se tomen. Por lo tanto EEUU se ve siempre condicionado, ejerciendo su poder de veto a cualquier condena de la ONU, que a su vez queda como una marioneta que depende de EEUU en las cuestiones de Israel.

Por eso las decisiones políticas de Israel siempre han condicionado la postura de EEUU, ya que su afinidad con el lobby judío norteamericano, ha ido marcando la pauta.

Aunque aliados, hubo muchos momentos de tensión entre EEUU e Israel, por la obstinada posición de este último.

El presidente Dwight Eisenhower se enfureció con Israel por querer siempre prevalecer en sus postulados, no mostrando flexibilidad alguna. Y en la crisis de 1956 de Suez, presionó para la retirada de las tropas de Gran Bretaña, Francia e Israel se retirasen del canal, en su intento por derrocar a Gamal Abdel Nasser, cosa que finalmente logró.

John F. Kennedy, emprendió una silenciosa campaña de presión para que se permitiera la entrada de inspectores estadunidenses en las instalaciones nucleares de Israel, y detuviera el programa nuclear. Se cree que Israel desarrolló armas nucleares en los años 1960, aunque nunca lo reconoció.

Lyndon Johnson, ayudó a abastecer a Israel en los años previos a la guerra de los 6 días de 1967. Accediendo a vender a algunos equipos militares a Israel, lo que supuso un cambio en la política de EEUU en la época.

Richard Nixon, apoyó a Israel en la guerra del Yom Kipur de 1973, cosa que le salió caro, pues los países árabes iniciaron el boicot de petróleo, disparando los precios y provocando una crisis económica mundial.

Jimmy Carter, fue el impulsor de los acuerdos de Camp David 1978 entre Egipto e Israel, acordándose una paz duradera entre Anwar Al-Sadat y Menachem Begin. Después del asesinato de Anwar Al-Sadat presidente egipcio, ya como expresidente Jimmy Carter se lanzó a lograr un Estado palestino.

Ronald Reagan, hizo hincapié en estrechar lazos con Israel, lo que causó tensión para el personal estadunidense en Oriente Medio. Israel invadió en 1983 Líbano con el objeto de perseguir a los palestinos de la OLP. EEUU envió una fuerza de paz, sufriendo un ataque por parte de Hezbollah que bombardeó Beirut y causó la muerte de 241 marines.

 George H. W. Bush, intentó garantizar que los fondos de EEUU no fueran utilizados para crear asentamientos de colonos judíos en Cisjordania, lo que desató cierta tensión con Israel. Ayudó a convocar la Conferencia de Paz de Madrid 1991, que facilitaron la normalización entre Jordania e Israel, así como los posteriores acuerdos de Oslo.

Bill Clinton, fue el presidente que más cerca estuvo de lograr la paz entre Israel y los palestinos, con los Acuerdos de Oslo 1993. Estuvo detrás del apretón de manos entre Isaac Rabin e Yasser Arafat quienes junto a Shmon Peres recibieron el premio Nobel de la Paz. Dicho acuerdo que estableció a la ANP (Autoridad Nacional Palestina) como representante oficial, dicho acuerdo dejó pendiente el asunto de Jerusalén. El asesinato de Isaac Rabin por un extremista judío se interpuso en un lapsus. Aunque el último intento de Bill Clinton de llegar a un acuerdo entre Arafat y Ehud Barak no dio sus frutos por la cuestión de Jerusalén y el retorno de los palestinos expulsados en la Nakba de 1948.

George Bush (hijo), intentó dar un impulso a la paz reuniendo en 2003 en Aqaba, a Ariel Sharon por Israel y Mahmoud Abbas por la ANP. Pero una vez más fracasó. Aunque se logró la retirada israelí de la franja de Gaza.

Barak Obama, siguió apoyando a Israel, pero intentó dar un golpe de timón en el asunto de Oriente Medio, pero calificó de ocupación y se opuso a la construcción de asentamientos ilegales en Cisjordania. Organizando una reunión entre Benjamin Netanyahu y Mahmoud Abbas en 2010, pero que fracasó.

Donald Trump, presidente republicano, se volcó totalmente favorable a Israel, trasladando la embajada de EEUU de Tel Aviv a Jerusalén, como reconociendo la capital de Israel. Y se negó a votar en la ONU una condena a los asentamientos ilegales de colonos en Cisjordania. Respaldando la anexión de los asentamientos judíos y Jerusalén Este a Israel. Impulsó los acuerdos de Abraham, pero obviando la cuestión palestina. Quiso presentar un plan de paz para Oriente Medio que era un absurdo, creando un sub estado palestino, reducido a unos "bantustanes" inconexos y que incluía que Israel se anexaría el resto de Cisjordania.

Joe Biden, presidente demócrata, aunque opuesto a Trump, no cambió los planteamientos que había hecho éste, como el traslado de la capital a Jerusalén, dejando en el olvido la cuestión de paz entre Israel y la ANP. Hasta desembocar en 2023 en la guerra entre Hamás e Israel, a la vista de que la cuestión palestina había quedado estancada en el olvido, mientras EEUU si presionaba para que siguiesen adelante los acuerdos de Abraham, que al único que favorecían era Israel, de lograr la paz con los demás países árabes de la zona.

Quién mueve los hilos de lo que ocurre en Oriente Próximo

El grupo sionista en EEUU es una coalición de individuos y organizaciones que tratan de influir en la política exterior estadunidense para apoyar a Israel y sus políticas.

La organización está incrustada en la sociedad norteamericana, de forma que no es muy claro definir hasta dónde llegan sus lazos de influencia. Al estar entrecruzados varios sectores, lo que dificulta su definición. El lobby judío condiciona a través de componentes normales e informales el voto judío en la sociedad norteamericana con respeto a EEUU en su política en Oriente Medio.

Los judíos norteamericanos son conscientes de la importancia de la ayuda de EEUU a Israel y de las graves consecuencias que podrían derivar de la perdida de esa ayuda. A pesar de que Israel es el país más armado en la zona, sus temores no se sustentan solo en lo militar, sino en su aniquilación, al estar rodeado de países árabes a los cuales nunca podrá superar demográficamente. Por eso los judíos norteamericanos tienen el temor de lo que podría suceder en EEUU si ellos no tuviesen el poder político.

Los componentes del lobby judío son, comités de acción política, y vigilancia de los grupos de comunicación. Entre dichos grupos se podrían definir:

-AIPAC (Comité de Asuntos Públicos Israel-EEUU), que directamente presiona al poder Legislativo de EEUU.

-CPMAJO (Conferencia de Presidentes de las Organizaciones Judías de EEUU), es el principal contacto entre la comunidad judía y el poder Ejecutivo de los EEUU.

-IAC (Consejo Americano Israelí), es una organización que tiene como finalidad construir y mantener unida a la comunidad judía norteamericana, durante las próximas generaciones y fomentar el apoyo hacia el Estado de Israel.

-CUFI (Cristianos Unidos Por Israel), es una organización cristina pro-israelí, que se autodefine como un movimiento nacional de base centrado en apoyar a Israel. Es la mayor organización pro-israelí de los EEUU:

-NORPAC (Comité de Acción Política Bipartidista), es una organización de cabildeo que trabaja con varios candidatos, esta organización está trabajando para fortalecer el apoyo de EEUU a Israel. Su principal objetivo es garantizar que la ayuda exterior de EEUU a Israel continúe todos los años.

Por eso se entiende porqué EEUU siempre cierra filas a todas las decisiones que toma Israel, aunque de cara a la galería para que no sea tan evidente, disimulen, reprendiendo algo. Pero el poder del lobby judío con ese poder tan entremezclado, condiciona siempre a los presidentes de EEUU, pues saben de su poder de decisión.

Siempre se pondrá EEUU del lado de Israel por disparatado que pueda parecer y no se escatimaran gastos, para financiar todas las guerras de Israel. Como ya hicieron en el pasado con las consecuencias mundiales, debido al embargo petrolífero. Pero aunque se resintieron las economías de muchos países, quedó claro que EEUU no iba a dejar de apoyar a su lacayo en la zona.

Como la pescadilla que se muerte la cola, está claro que el lobby judío norteamericano condiciona al gobierno de EEUU, éste a su vez condiciona su política exterior en beneficio de Israel. Por lo tanto no habrá solución alguna, mientras no cambie esa dinámica.

El exterminio del pueblo palestino

Aunque los palestinos ya habitaban antes el territorio, que según los preceptos religiosos judíos Abraham les prometió, que sería su Tierra Prometida como pueblo elegido, fue ese descendiente de Mesopotamia el considerado el primer judío, el que invitó a ocupar donde ya habitaba un pueblo, el palestino.

Los judíos, en su fanatismo religioso, se agarran a argumentos que históricamente serían indefendibles. Ya que habiendo sido ellos los que llegaron allí, donde ya vivían los palestinos y que fueron expulsados de la zona por distintos imperios, babilónico, egipcio, romano; etc. Argumentan que aunque hay pasado más de 2000 de su expulsión, se ven en el derecho de regresar y expulsar al pueblo palestino que ya vivía allí antes de su expulsión.

La coherencia diría que lo lógico sería que con los avatares históricos transcurridos, conviviesen ambos pueblos en el territorio. Y en ese argumento se basó la ONU, cuando hizo el reparto.

Pero no, los judíos argumentando contexto histórico religioso, se creen en el derecho de que el único que puede habitar la zona, son ellos. Y que por lo tanto aunque llegaron a su llamada Tierra Prometida antes los palestinos, deben ser expulsados, ya que los consideran invasores.

Tiene cosa el tema, de que se agarren a cuestiones religiosas para justificar su visión de los hechos, que abducidos por el fanatismo religioso, vean normal, lo que no es. Como que habría que expulsar a los palestinos a lo que hoy es Jordania.

Negar el derecho a existir a los palestinos en la zona, donde los judíos llegaron después. Y con la excusa de que les quieren matar y tienen el derecho a defenderse, cometen todo tipo de atrocidades al pueblo palestino. Para lograr su expulsión y quedarse con todo el territorio. Viendo con buenos ojos la *"limpieza étnica"*, para que la Palestina histórica quede solo para el pueblo judío.

El fanatismo ha conducido a que la gran mayoría de la sociedad israelí vea como natural esos argumentos, sin tener coherencia alguna, salvo que han sido abducidos por la religión.

La quimera de la posible solución

El conflicto de Oriente Medio, lleva desde 1948 con el enfrentamiento entre israelitas y palestinos. Con tantos años por en medio, la sociedad israelí parece abducida con el mantra del gobierno, de que los palestinos son los responsables de todo. Y de que no pueden permitir un Estado palestino, pues sería el fin de Israel.

Está claro que ese lavado cerebral que los políticos de extrema derecha y religiosos han inculcado a la sociedad, con una visión catastrofista, tiene por finalidad que ellos tengan argumento para seguir en la política, ya que de lo contrario desaparecerían.

Los palestinos, queramos o no, los grandes perdedores por errores propios y ajenos, sienten la frustración de que han quedado a merced de la voluntad de EEUU, que mucho ha defendido a través de la historia la emancipación de los pueblos, pero según qué intereses tengan. Y como ejemplos tenemos varios, pero por citar algunos, se enfrentó en una guerra 1898 contra España, potencia venida a menos, con la justificación de librar del colonialismo a Cuba, Puerto Rico, Filipinas y Guan. Qué se logró, pues simplemente un traspaso de manos, haciendo su pequeño imperio a cuenta de las posesiones españolas arriba mencionadas. Aunque después con el paso del tiempo Cuba solo se consiguió librar de EUU en 1909, Filipinas solo después de 1946 logró la independencia de EEUU, no teniendo la misma suerte Puerto Rico y Guan, que han seguido en poder de EEUU.

En el caso del Sáhara Occidental, proclamó su independencia en 1975, pero enseguida fue ocupado por Marruecos, que fue utilizado con la excusa de la Marcha Verde, para impedir estando en plena guerra fría, que un país más pudiese caer en la órbita soviética.

Y en el caso del conflicto de Oriente Medio, sobre todo desde 1967 con la invasión de los territorios de Cisjordania a Jordania y Gaza a Egipto, afianzar su baluarte que representaba Israel. Con la trascendencia de que la política de EEUU ha estado condicionada en Oriente Medio, al poder de influencia en la política exterior del *Lobby Judío Norteamericano*.

Por lo tanto solo cuando ambas sociedades estén saturadas de tanta violencia durante décadas, podrán plantearse poner un punto final al conflicto que se eterniza, alimentado por el odio y la venganza instigados por sus propios políticos.

Está claro que a sangre y fuego no se arreglará nada, simplemente el terror podrá amortiguar la reacción a las injusticias. Prueba de ello es, que se llevan décadas de muerte y destrucción y nada se ha solucionado.

También gran culpable es la Comunidad Internacional, que solo reacciona cuando se cometen atrocidades, en cuanto se pacifica algo el clima de tensión, en lugar de aprovechar e intentar llegar a una solución, no la cosa pasa al olvido hasta que vuelva a rebrotar otra vez.

Es obvio que la posición de prepotencia de Israel, frente a un interlocutor mucho más débil, no ayuda. Pues aunque también han padecido muchos muertos desde que se inició el conflicto, su daño ha sido mucho menor que en el lado contrario de los palestinos.

Cuando más cerca estuvo la posibilidad de alcanzar una paz fue con los acuerdos de Oslo 1993, donde parecía que por lo menos la voluntad de negociar una solución estuvo presente. Pero claro, la sociedad tan polarizada del extremismo de derecha y partidos religiosos, vio peligrar su preponderancia de no dar opción alguna, asesinando a Isaac Rabín, como formo de hacer descarrilar el intento.

Quedando el plan de las tres zonas A, B y C estancado, por una parte por la intransigencia sobre el retorno de los refugiados, el asunto de los asentamientos ilegales de colonos israelitas y la cuestión de Jerusalén. Pues la sociedad fanatizada israelí por los políticos no está dispuesta más que dejar que los palestinos tengan como mucho un *"protoestado."* Conformado por *"bantustanes"* inconexos a los cuales Israel, cada vez que lo cree conveniente entra y hace redadas, demoliciones y expropiaciones de tierras.

Y por supuesto los palestinos, han aceptado en pro de alcanzar la paz, aceptar que su territorio haya quedado reducido de un 45% de territorio que le asignó el reparto de Naciones Unidas en 1947, a solo un 22%, o sea la mitad de lo asignado y ha reconocido la ANP el derecho de Israel de existir.

Por eso los palestinos dan por válido lo reconocido por la ONU, que el territorio para su Estado es el que tenían antes de la invasión y ocupación de 1967.

Pero Israel no acepta dichas fronteras, pues dice que todos los asentamientos ilegales instalados en Cisjordania, tienen que ser territorio israelí. Así como no renuncian a la totalidad de Jerusalén anexada ilegalmente en 1980, incluida la parte Este, que estaba poblada por palestinos antes dela invasión de 1967. Asentamientos ilegales, algo prohibido por la ONU, pero que Israel ha hecho saltándose todas las normas del derecho internacional, haciendo caso omiso a las resoluciones de la ONU:

Pero con esa postura intransigente de Israel, que no está más que dispuesto a que el Estado palestino se asiente en la superficie de los *"bantustanes"* en una política de apartheid. Es imposible buscar una solución, obviamente ambas partes tendrán que hacer cesiones y está claro que desmantelar todos los asentamientos ilegales que Israel ha ido instalando durante décadas es algo muy complicado, por no decir imposible. Y los palestinos no están dispuestos a que su territorio se vea aún más reducido por esos asentamientos ilegales.

Una solución factible en ese asunto sería, la permuta de algunos de esos asentamientos ilegales por otras parte de territorio israelí y desmantelar otros que están más dispersos.

Pero claro, Israel como siempre cuenta con el apoyo de EEUU, en la época del presidente Donald Trump, complicó aún más las cosas, abandonando la política de no pronunciamiento hasta la fecha, para postularse por considerar legales dichos asentamientos ilegales y la capital indisoluble de Jerusalén, trasladando su embajada desde Tel-Aviv a Jerusalén.

Por eso Israel, como nunca se siente presionado por el apoyo infalible de EEUU, que condiciona también a que la Comunidad Internacional no condene con vehemencia, hace que Israel continúe con su política intransigente.

Y negociar que los refugiados palestinos, puedan volver pero solo al territorio reconocido como Palestina en 1967, para ahuyentar el temor de Israel a que se produzca un vuelco demográfico en que los israelitas pasen a ser minoría.

Pero claro, no solo van a ceder los palestinos, Israel también tiene que poner de su parte y aceptar que Jerusalén Oriental pase a ser la capital reconocida del Estado de Palestina. Al fin era la parte que según la ONU, hace parte del territorio palestino de antes de 1967.

Esos son los ejes generales, los asentamientos que ya fueron instalados a propósito por Israel, con la idea de torpedear haciendo inviable un Estado de Palestina. Y Jerusalén Oriental, aunque hay otras cuestiones como el agua, etc.

La bomba demográfica

Por mucha política de hacer inviable la creación de un Estado palestino, cosa que Israel ha hecho en las últimas décadas a conciencia. Con la demolición de casas y expropiación de tierras, como forma de forzar la expulsión de los palestinos al privarle de medio de vida, para facilitar a su vez que se instalen colonos israelitas en asentamientos ilegales, no ha sido capaz de lograr su objetivo.

Pues aunque fomentan la llegada de judíos de todas las partes del mundo, dándoles todo tipo de facilidades para instalarse en Cisjordania, no es del todo tentador para muchos, venir hacia su Judea y Samaria (Cisjordania) bíblicas por ser una zona demasiado conflictiva.

Donde la tasa demográfica de nacimientos de palestinos es mucho más elevada que la de los judíos, lo que representa un peligro para Israel. Que aunque ha puesto todo su empeño de hacerles la vida imposible a los palestinos dificultándoles el acceso al trabajo con innumerables controles, recluirles en *"guetos"* con una política de apartheid, éstos siguen teniendo más hijos. A pesar de realizar los trabajos que no quieren los israelitas y con sueldos mucho más bajos.

Por lo tanto un planteamiento que tiene Israel es, poner fin de alguna manera a que ese crecimiento demográfico de palestinos, que no le acabe ahogando más tarde o más temprano, la única forma sería creando un Estado de Palestina, que recoja ese exceso sobre su población, como forma de avalar su existencia como patria judía.

Y así como con todos esos impedimentos, han impedido que los palestinos tengan además de un crecimiento demográfico, un crecimiento económico que les permita disponer de un nivel de vida similar a los de los israelitas.

Pero no hay forma de detener la mayor tasa de natalidad, por muchas trabas que pongan, para dificultarles la vida. Ya que los palestinos siguen teniendo más niños, de forma que de no abordar la cuestión, será cosa de tiempo de que Israel se vea superado demográficamente con más población árabe que judía.

Por lo tanto muy a su pesar, por simple supervivencia tendrán que negociar un Estado de Palestina, para que ese exceso demográfico quede asentado en un territorio que no sea Israel y permita subsistir la entidad judía de Israel.

Violación de los derechos humanos

Dentro del avispero que es Oriente Medio, en lo referente a Israel y Palestina, ambos violan los derechos humanos, de la sociedad civil, mediante acoso, detenciones arbitrarias, interrogatorios, tortura, tratos inhumanos, degradantes; etc. Según un informe del Consejo de Derechos Humanos.

Israel se sabe impune, por lo tanto al no tener que rendir cuentas a nadie, comete todo tipo de violación de los derechos humanos. Pues aunque cuenta con su protector Tío Sam, que tiene derecho de veto en la ONU, contra cualquier condena que vaya contra sus intereses, también ha observado que la Comunidad Internacional, no pasa de condenas verbales, sin ninguna consecuencia, ya que hay en juego muchos intereses económicos que hacen que la justicia quede en un segundo plano.

La Comisión Internacional Independiente de Investigación de la ONU, sobre los Territorios Palestinos ocupados (Cisjordania, Gaza y Jerusalén Este), concluye que la mayoría de las violaciones las comete Israel. Cuyo objetivo es, garantizar y consolidar su ocupación permanente a expensas de los derechos del pueblo palestino. Para esa práctica impulsan tachar de terroristas a todas las organizaciones israelíes y palestinas de la sociedad civil, así como a organizaciones internacionales que defienden los derechos de los palestinos. Dicha estrategia se aplica tanto en Israel como en los territorios ocupados palestinos.

También se señalan a las autoridades de Gaza y Cisjordania, ya que tienen bajo su punto de mira a defensores y activistas de los derechos humanos, con el objetivo de acallar voces discrepantes.

En mayor medida, el respeto por los derechos humanos deja mucho más que desear en Gaza, que en Cisjordania, ya que ambos territorios palestinos tuvieron un resultado en las elecciones de 2006 desigual. Mientras que en Cisjordania ganó Al-Fatah en Gaza triunfó Hamás.

Algunas ONG silencian a la población civil, desempeñando un papel clave de silenciar a la población de los Territorios Palestinos Ocupados. Que todos los titulares de deberes garanticen y protejan los derechos a la libertad de expresión, asociación, opinión en libertad pacífica.

El caso es que la población civil palestina, sea por parte de Israel o por la parte Palestina, padecen las consecuencias en sus propias personas.

Matándose durante 75 años

Después de 75 años en que se inició este conflicto árabe-israelí, está claro que el ser humano cuando pierde el oremus, se transforma en un ser obtuso. Llevan décadas matándose y destruyéndose mutuamente, en que la parte predominante es Israel, ya que por factores históricos y económicos, consiguió imponerse a los palestinos.

Con ese odio reciproco, creen que por la fuerza de las armas van a solucionar el problema. Obviamente en una situación de inferioridad al pueblo palestino no le ha quedado otra cosa, más que recurrir al terrorismo como forma de por lo menos llamar la atención de la Comunidad Internacional. Ya que habiendo transcurrido décadas, la cosa continúa inamovible, solo buenas palabras pero soluciones cero.

Y está claro que solo cediendo por ambas partes se podrá llegar a una solución donde la cordura se imponga. La fuerza de las armas lleva décadas matando y cometiendo atrocidades, pero la paz no ha llegado. Israel sigue en la creencia de que por el a ***"hierro y fuego"*** se acabará imponiendo.

Sin querer ser víctimista, los palestinos han tenido que admitir que son los perdedores, pero eso no conlleva a que tengan que reconocer a que no tienen derecho a un Estado. Han renunciado a eso de que Israel no tuviese derecho a existir, han visto mermado su territorio asignado en su día por la ONU, aceptan y dan por válidas las fronteras de 1967. Pero por la otra parte Israel en su situación de preponderancia, se mantiene inflexible y con la excusa de que reconocer un Estado palestino sería tener unas fronteras indefendibles, se agarra a eso. Y aunque fue el Estado invasor y agresor en la guerra de los 6 días de 1967, a lo máximo que parece dispuesto es a que los palestinos vivan en ***"bantustanes"*** para asegurar su seguridad. Esto es, a que no tengan un Estado de Palestina.

La economía en los territorios ocupados

Como territorios ocupados por Israel desde 1967, Gaza y Cisjordania han quedado reducidas económicamente a una dependencia total. Cosa buscada a propósito por Israel, como manera de mantener subyugada económicamente a la población civil.

Entre los problemas se encuentran, la pérdida de tierras por parte de los palestinos, a favor de los colonos de los asentamientos ilegales, la pobreza endémica, la reducción del espacio fiscal, la disminución de la ayuda exterior y la acumulación de la deuda pública y privada.

El desempleo es elevado, ya que las trabas impuestas por Israel para su desarrollo, dificultan que se pueda crear empleo. En conjunto en los territorios palestinos, el desempleo alcanza el 24%, el 13% en Cisjordania y el 45% en Gaza por el bloqueo impuesto por Israel después de 2006 por el triunfo de Hamás en la franja. Las mujeres y los jóvenes son los más afectados. La pobreza aumentó, haciendo que el 40% de la población necesite de ayuda humanitaria.

Tres décadas después de los acuerdos de Oslo de 1993, la convergencia de la economía israelí con la palestina sigue bloqueada, porque sigue obstruida por la política de ocupación. El **PIB** palestino, solo representa el 8% del de Israel.

La dependencia forzada de la economía palestina respecto a la israelí, los excesivos costes de producción, transacción y las barreras al comercio con el resto del mundo, han dado lugar a un déficit económico crónico. Y una dependencia generalizada y asimétrica de Israel, que representa el 72% del comercio palestino.

Para los palestinos, la falta de una moneda y la dependencia del shekel israelí, deja poco espacio para la política monetaria, al tiempo que el fuerte tipo de cambio del shekel israelí socava la ya de por si mermada competitividad de los productos palestinos.

La escasez de empleo, obliga a los palestinos a buscar empleo en Israel, acudiendo a los que no quieren realizar los israelitas por ser duros y mal pagados.

Desde su nacimiento en 1994 del gobierno palestino, se ha visto obligado a asumir responsabilidades económicas, políticas y sociales superiores a los recursos económicos de que dispone. Lo que unido a la reducción de los donantes y de los proyectos para el desarrollo, pasando de un 27% del PIB de 2008 a un 3% del PIB de 2022.

La situación de Gaza es aún mucho peor, ya que desde 2007 Israel somete a la franja a un severo control por mar, tierra y aire con el fin de estrangularla económicamente. Sin contar las numerosas incursiones israelíes, que han provocado destrucción en sus infraestructuras. Los gazatíes, necesitan permisos especiales para poder salir de Gaza por pasos controlados por Israel. Dificultando su movilidad laboral hacia Egipto y la prohibición de importar tecnologías, han mermado la economía de Gaza. Las restricciones de movimiento, impiden muchas veces acudir a la sanidad y otros servicios esenciales, ya que los gazaties dependen en un 80% de ayuda internacional.

Vivir en Gaza significa hacerlo en un espacio pequeño el más concentrado del mundo con 2.200.000 de habitantes. Donde no hay electricidad y agua la mitad del tiempo y no disponer de alcantarillado.

La población subsiste por la ayuda humanitaria sin posibilidad de empleo y de extrema pobreza. Todas esas situaciones que padece la población civil, violan los derechos humanos, pero eso a Israel no le importa, ya que viene haciéndolo desde 1967 de manera impune.

Y la Comunidad Internacional, tampoco hace nada para presionar a Israel, solo palabrería barata y sigue mirando para otro lado ante las injusticias. Ya que, la UE que podría ejercer presión, se limita a seguir las directrices de EEUU, al fin loa palestinos no representan nada para ellos económicamente.

Queramos o no, todo se mueve por intereses económicos sobre los morales y prevalecen éstos. Se limitan a ayuda económica para que la población pueda subsistir pero no para que puedan desarrollarse independientemente.

Jamás Israel ha intentado asimilar a los palestinos a la sociedad israelí, los ha tratado como la población ocupada por un invasor. Por qué, pues porque en realidad su real intención sería la de expulsarlos de Gaza y Cisjordania.

Pero claro, no puede hacerlo por la fuerza, optando entonces por hacerles la vida imposible, para que cada vez se ven más forzados a desplazarse del territorio, sometiéndoles a una presión policial, controlándoles todo lo que hacen.

Palestina en el Mundo

El reconocimiento internacional de Palestina como objetivo primordial de la OLP (Organización para la Liberación de Palestina). En que en la declaración de Independencia de Palestina, fue proclamada desde Argel

(Argelia) en una sesión extraordinaria del Consejo Nacional Palestino en el exilio.

Dicha declaración fue redactada por el poeta palestino Mahmoud Darwish y proclamada por Yasser Arafat. Dicha declaración de independencia fue reconocida por numerosos países, para finales de 1988, más de 80 países ya reconocían al Estado de Palestina.

Con los acuerdos de Oslo de Septiembre de 1993 firmados entre Israel y la OLP se intentó resolver el conflicto entre Israelí-palestino. Dotando a la ANP (Autoridad Nacional Palestina) la condición de administrador interino de autogobierno de los territorios palestinos.

Israel continúa sin reconocer a Palestina como un Estado y sigue controlando de facto militarmente en todo sus territorios. A fecha de Julio de 2019, reconocían a Palestina 139 de los 193 países miembros de la ONU y 2 Estados no miembros. Sin embargo muchos de los países que no reconocen a Palestina, si reconocen a la OLP como representante del pueblo palestino. El 29 de Noviembre de 2012 la Asamblea General de la ONU había aprobado una resolución que cambiaba el status de su papel de *"Entidad"* para el de *"Estado observador no-miembro."* Tras una votación de 138 votos a favor, 9 en contra y 41 abstenciones.

Una serie de países no reconocen a Palestina, porque creen que para tal reconocimiento tiene que ser en base a negociaciones directas entre Israel y la Autoridad Nacional Palestina. Los principales obstáculos para un acuerdo definitivo son, la delimitación de fronteras, el status de Jerusalén con el libre acceso a los santos lugares, la expansión de los asentamientos ilegales en Cisjordania y Jerusalén Este y el derecho de los palestinos que fueron expulsados o huyeron durante la guerra árabe-israelí de 1948.

El 22 de Noviembre de 1974, la resolución 3236 de la ONU reconoció el derecho del pueblo palestino a la autodeterminación e independencia y soberanía en la tierra Palestina. En 1988 la ONU adoptó la designación de Palestina para denominar a la OLP. Aunque el Estado proclamado y reconocido por muchos países africanos y asiáticos que habían padecido la colonización, los países comunistas y los estados no alineados. Por su parte EEUU para desalentar dicho reconocimiento crearon un paquete de medidas con su ley de Ayuda en Extranjero. Aunque dicha ley tuvo su efecto en algunos casos, la **Liga Árabe** y la **Organización para la Cooperación**

Islámica, reconocieron inmediatamente su apoyo, solidaridad con Palestina, fue aceptada en ambas organizaciones.

En Febrero de 1989 la OLP declaró ante la ONU que contaba con reconocimiento de 94 estados. A partir de dicho momento Palestina empezó a solicitar su ingreso con la categoría de Estado en diversas organizaciones de la ONU. Pero sus esfuerzos se vieron frustrados por la amenaza de EEUU de retirar el apoyo financiero.

En Junio de 1989 la OLP envió a Suiza una carta solicitando su ingreso en la Convención de Ginebra, sin embargo Suiza como Estado depositario argumentó que como el Estado de Palestina no se había acordado de forma definitiva, no se veía capaz de determinar si la carta constituía un instrumento de acceso válido.

En Noviembre de 1989 la Liga Árabe propuso reconocer a la OLP como el gobierno de un estado palestino independiente. Sin embargo el borrador fue abandonado, al amenazar EEUU con cortar la financiación si la votación seguía adelante. Los estados árabes llegaron a un acuerdo para detener la votación, pero exigieron a EEUU que no volverían a amenazar a la ONU nunca más, con sanciones financieras.

La postura de Israel, desde la guerra de los 6 días de 1967 hasta los acuerdos de Oslo de 1993, fue la de no proponer la creación alguna de un estado palestino. Benjamín Netanyahu de 1996 a 1999, llegó a calificar que los gobiernos antecesores de Isaac Rabin y Shmon Peres de haber tratado de hacer factible un estado palestino, algo que significaba un peligro, asegurando que su política sería no pasar de una autonomía para los palestinos, jamás un Estado.

En Noviembre de 2001 Ariel Sharon fue el primer líder israelí en proclamar que la creación de un estado palestina sería la principal política de su gobierno, para solucionar el conflicto. En 2009 con ocasión del presidente de EEUU Obama, fue la primera vez que Benjamín Netanyahu habló por primera vez de un estado palestino, desmilitarizado y más reducido aun territorialmente.

Por lo general desde entonces todos los gobiernos de Israel aceptan que la solución será la creación de un estado palestino, pero con la excusa de la seguridad, de que no podrán ser las fronteras de 1967, antes de la invasión y ocupación del territorio por sus fuerzas armadas. Tampoco aceptan que haya una votación en la ONU para reconocer o no la creación de un Estado de Palestina. Argumentando que eso contravendría los acuerdos de Oslo de 1993.

Resumiendo, EEUU con su política de chantaje económico a cualquier organización de la ONU que se pronuncie a reconocer el Estado de Palestina e Israel que se agarra en lo que le interesa a los acuerdos de Oslo de 1993, no hacen más que boicotear cualquier solución. Por eso hasta ahora a lo único que se ha llegado ha sido a reconocer la autonomía de una de las zonas A, B y C. Pero solo en el papel pues en efecto la única zona que tiene autoridad Palestina es la zona A. Pero no exenta de que sea invadida y haya redadas por las fuerzas de seguridad israelíes, cuando lo crean conveniente. Lo de las demás zonas B y C, han quedado aparcadas, pues a Israel le viene muy bien ir dando largas, mientras va incrementando los asentamientos ilegales de colonos en dichas zonas.

Por lo tanto a lo único que se ha llegado es, a la política de los *"bantustanes"* en la zona A, territorios inconexos rodeados por control militar israelí y al mismo tiempo ir ganando tiempo para hacer cada día más inviable la creación de un Estado palestino, sometiendo al pueblo a vivir con un muro de separación y en guetos, que recuerdan los tiempos de los nazis.

Lo que con la ayuda de su protector EEUU que chantajea económicamente a la ONU, le permite que todas las resoluciones de condena contra Israel no pasen del papel, con el derecho de veto que tiene EEUU, que le permite hacer de la ONU una marioneta al servicio de sus intereses.

Ese estado que siempre se erigió como defensor de la autodeterminación de los pueblos, funciona según le convenga para sus intereses. Y está claro que en el caso del conflicto israelí-palestino siempre se ha decantado por Israel. No importándole para nada las barbaridades e injusticias que han sido vistas por muchos países, ya que en cuento observa que puede haber una opinión que no vaya acorde a sus intereses, moverá ficha chantajeando bien militarmente como económicamente. Por eso desde 1948 Israel, ha ido al servicio de EEUU como buen lacayo, ya que tiene su plena confianza de que le defenderá sea justo o no lo que hace.

El Estado prepotente

El caso de Israel es muy ***sui generis,*** ya que desde 1967, la cantidad de desmanes que ha cometido es incomprensible. Cualquier otro estado del mundo, que hubiera cometido la mitad de los que ha cometido Israel, la sociedad internacional ya habría renunciado con contundencia.

EEUU por ejemplo, ha sido el paladín justiciero del mundo, por lo menos ha intentado dar esa imagen, aunque en realidad sus intervenciones en distintas zonas del planeta, han sido por defender sus intereses. Ha intervenido en varios países, deponiendo presidentes, destituyendo gobiernos, bien por la vía política a través de sobornos, golpes de Estado o por la fuerza de las armas. En diversos países, como Cuba, Méjico, Haití, República Dominicana, Nicaragua, Guatemala, Argentina, Panamá, Chile, China, 1ª Guerra Mundial, 2ª Guerra Mundial, Corea, Indonesia, Vietnam, Libia, Líbano, Guerra del Golfo, Somalia, Bosnia Herzegovina, Sudán, Afganistán, Yugoslavia, Irak, Yemen, Pakistán, Siria, etc. Todas ellas a lo largo del siglo XX.

Sin embargo en el caso de Israel, no se ha opuesto jamás a cualquier desmán cometido. En cosas tan graves como invasión y agresión, crímenes contra la humanidad, saltarse los derechos humanos, no respetar las resoluciones de la ONU, no respetar el Convenio de la Haya, Declaración de Ginebra; etc.

Uno se preguntará, a qué se debe esa excepción a todos los incumplimientos de Israel. Pues muy simple, existe un lobby judío norteamericano que condiciona totalmente la política exterior de EEUU hacia Israel.

Por eso hasta atrocidades que ha cometido Israel, que han escandalizado el mundo, han quedado totalmente impunes. Pues aunque los países han tratado de condenar los actos de Israel en la ONU, todas las proposiciones que se han votado a favor de condenar la actitud de Israel, han sido bloqueadas por EEUU, ejerciendo el derecho de veto como miembro permanente. De manera que todas las resoluciones que se voten en la ONU de condenas hacia Israel, quedan nulas.

De manera que la opinión internacional es, que la ONU es un mero títere de los EEUU, que ejerce como juez de lo que conviene o no, según sus intereses. Y como EEUU es el mayor contribuyente económico de la ONU, condiciona con la amenaza del chantaje de retirar la ayuda si se votan determinadas acciones con la cuales no está de acuerdo.

Resulta curioso que los israelitas, cuyos descendientes muchos de ellos tuvieron antepasados atrapados en manos de los nazis, padeciendo el holocausto, sin embargo haya copiado los mismos métodos. Lo que da la sensación de que es como paradoja de la historia, como si admitiesen su admiración por sus verdugos.

Los nazis les hacían sobrevivir en guetos, ellos hacen lo mismo con los palestinos, a los cuales mantienen recluidos en los *"bantustanes"*, cercados por muros y con numerosos controles para poder salir.

Los nazis les despojaron de todas sus pertenencias, ellos hacen lo mismo con los palestinos, bajo la excusa de que un familiar ha cometido terrorismo contra Israel, a los demás familiares les hacen pagar las consecuencias, demoliendo la vivienda, expropiando sus tierras, privándoles de su medio de sustento; etc.

Los nazis soñaban con la creación de una Gran Alemania, en la que el régimen necesitaba adquirir el *"lebesraum"* (espacio vital), lo mismo pasa con Israel, que bajo la excusa de que sus fronteras son indefendibles sueña con adueñarse de Cisjordania, Gaza y demás territorios, para crear el Gran Israel. Donde los palestinos no tienen cabida, por eso deben ser expulsados, para en su lugar instalar judíos de todas las partes del mundo.

Los nazis en su política represora, por cada alemán asesinado, respondían de manera totalmente desproporcionada, los israelitas hacen lo mismo, por cada judío muerto matan muchos más palestinos. La proporción de muertos desde la creación del Estado de Israel ha sido de, 82% muertos palestinos y 18% de israelitas.

Los nazis cometieron crímenes de guerra, no respetaron los derechos humanos, incumplieron las convenciones mundiales, los israelitas hacen lo mismo, con el aval del que se ha proclamado siempre como defensor de la emancipación de los pueblos EEUU.

Por lo tanto no queda duda, de que aunque los judíos padecieron el horror del holocausto, son profundos admiradores de los métodos implacables por el régimen de terror nazi empleados. La historia se repite y de nada ha servido el horror padecido para no emplearlo. Al fin triunfa la ley del más fuerte, que machaca al inferior en medios, con tal de lograr los hechos consumados, sin respetar las mínimas normas del derecho internacional, como un Estado de Israel prepotente.

La indiferencia de la Comunidad Internacional

Desde la guerra de 1948 entre palestinos e israelitas, a pesar de las guerras que ha habido por los países involucrados, la Comunidad Internacional en realidad a penas se ha involucrado realmente. Limitándose a manifiestos y resoluciones de la ONU, que no han servido de nada para solventar el problema.

Israel como la parte actora ganadora, a pesar de las injusticias, no ha padecido consecuencia alguna que le hiciese replantearse su forma de actuar. Al saberse respaldado siempre por EEUU por muy reprobables que fuesen sus actitudes ante el mundo.

Y como el mundo, queramos o no, ha girado en su mayoría alrededor de la influencia norteamericana, como potencia económica y militar, los países en su mayoría han bailado a su son.

De manera que todas las condenas que han sido hechas por la ONU, con respecto a la actitud de Israel hacia los palestinos, han caído en saco roto, al saber que no pasaban de palabrería barata que no tendría consecuencia alguna.

De lo contrario no podría entender que Israel que como Estado se ha saltado todos los preceptos que un estado democrático de verdad debe respetar, siga impune incumpliéndolos. Es como eso de ***por un oído me entra y por otro me sale"***,

El mundo se mueve por intereses económicos y está claro que los países apuestan por el más fuerte y las ventajas que le pueda traer. Eso de lo políticamente correcto es para ellos cosas de novelas.

Un conflicto que se originó en 1948, ya se habría terminado si hubiese sentido de la justicia de verdad. Pero como la justicia al igual que otras muchas cosas, es una cosa subjetiva, que se ve según los ojos del que la mira, pues llevan décadas sin solución.

Israel sabe que el tiempo juega a su favor, por un lado por el infalible apoyo de EEUU desde su creación y por otro que la UE que como siempre en sus disyuntivas políticas nunca llega a un denominador común. Cosa que le favorece que haya esa falta de acuerdo unánime. Mientras los demás siguen mirando para otro lado, por muy injustas que sean las acciones de Israel, ya que el mantra de que tiene derecho a defenderse le da vía libre para ellas.

El Gran Sueño de Judea y Samaria

Región montañosa de la antigua Canaán en la parte central habitada por las Tribus de Israel de la monarquía unificada del Reino de Israel (1047 a.c. – 930 a.c.) y el continuador Reino de Israel (928 a.c. – 720 a.c.).

Nombre oficial adoptado por la Oficina Central de Estadísticas de Israel a la parte de Cisjordania administrada por Israel desde 1967. Comprende las localidades judías "*asentamientos israelíes*" en esta región.

Basados en tradiciones bíblicas de hace 3000 años atrás, el fanatismo israelí asevera que les pertenece Cisjordania (Judea y Samaria). Y desde la invasión de 1967, su política ha estado enfocada en ir repoblando con judíos la región en base a ir creando asentamientos ilegales. Ha llegado a tal punto ese fanatismo sionista, que en su mente solo verán su labor terminada, el día que hayan expulsado hasta el último palestino. Pues según ellos, le pertenece pues allí vivieron hace 3000 años atrás. Si todas las naciones que existen que se basan en el derecho internacional, se basasen en ese argumento, no existirían hoy en día, ya que siempre hubo un pueblo, políticos y estados que les antecedieron.

Pero cuando un pueblo está abducido por el fanatismo religioso, cualquier explicación es nula, su mente está obnubilada para entender cualquier razonamiento coherente. En su mente solo ven a los palestinos como invasores de Judea y Samaria, cuando ellos ya convivieron con los judíos hace 3000 años atrás en la región. Y que por circunstancias históricas los judíos fueron expulsados en distintas épocas por distintos imperios de la región.

Kipá

A los políticos israelíes, esa visión les ha venido muy bien, de proclamar de que es su Judea y Samaria bíblicas de las cuales hay que expulsar al invasor. Resultando curioso, que un pueblo tan religioso y con tanta fe en su dios, sea capaz de aceptar razonamientos crueles de racismo y exterminio hacia otro pueblo.

Cada si se podría decir, que esa causa se ha hecho su modus vivendi, de lo contrario hace mucho que habrían desaparecido como tales. Dentro de ese fanatismo, su gran sueño sería ver a su Judea y Samaria limpia de invasores, sin ningún palestino a la vista y otear el horizonte y ver sus tierras todas colonizadas por judíos, como en una restitución en el tiempo, en que tuvieron que vivir la pesadilla mientras duró esa lucha de expulsión.

Cuando lo absurdo se impone a lo coherente

Partiendo del principio de todo desde 1967, se ha tratado de tergiversar la visión de los hechos. Es obvio que este conflicto desde la invasión y agresión de Israel, ante la Comunidad Internacional el culpable es quien infligió el acto desencadenante.

Pero a lo largo de los años se ha ido cambiando la percepción, en que Israel es la víctima, y que dichos hechos tuvieron motivo, por encontrarse en peligro su existencia, bajo el argumento de tener unas fronteras indefendibles. O sea, más o menos hay que perdonar al agresor y a su vez condenar al agredido, como culpable de todo.

Se cometieron muchos errores por ambas partes desde 1948, con la partición de la Palestina británica, para 2 Estados. E indudablemente los palestinos al estar mal organizados y con un apoyo muy inferior llevaron la de perder. Ya que su no aceptación de la creación del Estado de Israel en la mitad del territorio, les llevó a tener que aceptar después del armisticio, que no solo se había consolidado dicho Estado, sino que éste había crecido más en la guerra de 1948. El resto de la Palestina británica que había quedado en manos árabes, no tenía una infraestructura para constituirse en un Estado de Palestina. Quedando la franja de Gaza en manos de Egipto y Cisjordania en manos de Jordania.

Con esa sed de venganza por la injusticia padecida, de que empezando por ver que por una decisión de la ONU, se le arrebataba la mitad del territorio, les había llevado a una guerra en las que sus condiciones empeoraron mucho más, quedaron en estado de shock por la expulsión de los palestinos que fueron expulsados de los territorios atribuidos a Israel más los conquistados en la guerra de 1948.

Por lo tanto la cuestión de la ONU, del reparto en 2 Estados quedó inconclusa, pues solo se estableció un Estado de Israel, mientras que los palestinos se quedaron en una situación de impás. Sin una patria reconocida en las tierras que vivían entre Egipto y Jordania.

Cosa que se agravó mucho más e iba a ser peor a raíz de la invasión de dichos territorios por Israel en 1967, bajo el pretexto de tener unas fronteras indefendibles del peligro de una agresión árabe. Empezando un nuevo conflicto árabe-israelí, que prosigue décadas después.

Sucesivas guerras tampoco concluyeron con el problema, salvo arreglar parcialmente el problema con Egipto y Jordania. Pero el problema palestino entró a ojos vista de la Comunidad Internacional, como una cuestión latente adormecida. En que ante la postura totalmente intransigente de Israel de llegar a arreglo alguno, que no pasase única y exclusivamente por sus postulados, apoyado totalmente por EEUU, provocó que sin reconocerlo oficialmente, la Comunidad Internacional fuese asumiendo los hechos consumados.

Solo quedando el terrorismo, como forma de mantener presente la cuestión palestina, puesto que sin Estado y con unos medios irrisorios para plantear su lucha contra Israel y su valedor EEUU no le quedó otra. Y así fueron pasando los años con escaramuzas e invasiones siempre que lo creía conveniente Israel.

Con un fanatismo cada vez más exacerbado, los gobiernos de Israel se fueron mostrando cada vez más intransigentes, no disimulando ya para nada, su postura inflexible de que solo iba a hacer lo que le diera la gana. Cosa que ya venía haciendo desde 1967, con la diferencia que antes lo hacía con diferentes tipos de excusa, pero ahora ya no disimula y abiertamente con total descaro hace ver sus intenciones, sin importarle lo más mínimo si se salta el derecho internacional, la Comunidad Internacional o la ONU.

Eso unido a una política cada vez más acentuada de la Comunidad Internacional, de dar por válida la aceptación de los hechos consumados del agresor e invasor Israel en 1967, de que no habrá acuerdo alguno, ha llevado al pueblo palestino a darse cuenta que nada más tenía que perder. Pues aunque la postura de Gaza dominada por Hamás desde 2007, era la más belicosa a su causa, la postura de no violencia llevada por ANP en Cisjordania, tampoco le aportó ventaja alguna frente a Israel. Ya que los palestinos comprobaron que la reacción violenta de Hamás y la postura sumisa de la ANP con la finalidad de evitar enfrentamientos con Israel, llegaba al mismo punto común. De que a Israel le daba igual, no valorando para nada la actitud dialogante de la ANP, prosiguiendo con sus proyectos sin premiar a los palestinos por ello.

Israel, sin paños calientes dejó claro que iba a seguir igual su actitud con los palestinos, fuese por la violencia o fuese por el diálogo. La fuerza de las armas, siempre estaría ahí preparado para sofocar cualquier intento de rebelión a la sumisión.

Nada que perder

Amparado en el apoyo incondicional de EEUU a Israel, éste se ha mantenido inflexible a cualquier condena o advertencia venga de la Comunidad Internacional o de la ONU. A lo único que daba muestras, infundadas en el fondo era a las críticas de EEUU, pues era solo una escenificación de cara a la galería, ya que sus condenas no pasaban de simples bravuconadas.

El pueblo palestino, sometido a la ocupación de Israel, que incumple todos los preceptos que incumben a la potencia ocupante, veía que en Gaza la situación era de estrangulamiento de Hamás, haciendo pagar a la población civil las consecuencias, impidiendo su libertad por mar, tierra y aire. De ahí que limitase Israel las millas náuticas desde la costa que podía usar, impidiendo que tuviesen un puerto decente y bombardeando el único aeropuerto de Gaza.

En tal situación de asfixia, la población de la franja de Gaza se veía recluida como si viviese en una cárcel, sin libertad de movimientos, encajonada entre Israel y Egipto que la bloquean. Los años de mal gobierno, unido al litigio entre Hamás y la ANP, han llevado al desempleo a alcanzar el 50% lo que ha provocado un grado de precariedad y pobreza extremo. Con cortes de electricidad diarios, que hacen que solo dispongan de unas 3 horas al día de energía eléctrica. Ya que la mayoría de la electricidad proviene de Israel, de la única planta de electricidad de Gaza y menos aportaciones desde Egipto.

La población de Gaza depende en un 80% de la ayuda internacional para poder sobrevivir. Como forma de eludir el bloqueo, en la franja de Gaza hay una extensa red de túneles.

Con una población aproximada de 2.200.000 en 365 km2, hace que posea una de las mayores densidades demográficas del mundo. De los cuales 600.000 viven hacinados en los campamentos de refugiados gestionados por la UNRWA, organización encargada de atender por la ONU, de los más de 6.000.000 de palestinos que viven en situación crítica desde 1948.

Con la excusa de necesitar una barrera de protección para evitar los ataques de los cohetes e integrantes islamistas, Israel ha ocupado parte del territorio, haciendo que los palestinos de Gaza dispongan de menos territorio para viviendas y granjas.

La situación sanitaria, es mala, debido al bloqueo de Israel y Egipto, así como menor aportación de la ANP, por el conflicto entre Hamás y ANP.

La ONU gestiona 22 centros de salud, pero diversos hospitales y clínicas han sido dañados, en las diferentes incursiones que ha llevado a cabo Israel desde el triunfo de 2007 de Hamás.

Los pacientes que necesitan atención médica en Jerusalén Este y en Cisjordania, deben recibir primero la aprobación por la ANP y después tienen que conseguir pases de salida otorgados por Israel.

La falta de agua es otro de los problemas, pues aunque los gazatíes están conectados a una red de agua, solo reciben agua entre 6 u 8 horas cada cuatro días. De manera que la OMS que dice que consumo medio debe ser de 100 litros por persona / día, en Gaza este se reduce a 88 litros.

Las aguas residuales son otro problema, aunque el 78% de las casas están conectadas a una rede aguas residuales, las plantas de tratamiento están sobrepasadas. De manera que más de 100.000.000 de litros de aguas residuales son bombeadas al mar Mediterráneo sin tratar.

Unido al alto nivel de desempleo y de que sus infraestructuras son dañadas cada vez que hay una intervención de Israel, hace que la vida sea durísima.

Indudablemente el bloqueo asfixiante al que ha sido sometida la población de Gaza, ha echado en brazos de Hamás a su población, pues ven como enemigo a todo aquél que no lucha por su causa. E Israel, ha sido la potencia invasora que ha estrangulado cualquier intento de poseer un Estado. Cuya única participación de la ANP apostando por no emplear métodos violentos, no les ha llevado a mejoría alguna.

Esa desesperación por no ver horizonte alguno ha radicalizado a la población de Gaza, al ver que nada tienen que perder, cuando no han logrado nada. La última esperanza que se había puesto en los Acuerdos de Oslo de 1993 se esfumó, en cuanto entraron en Israel gobiernos de derecha religiosos. Que se cargaron el intento incipiente que había intentado Isaac Rabin. Pues vieron su oportunidad de no dejar espacio alguno para lograr un Estado de Palestina y alcanzar la paz.

Están los israelitas gobernantes plenamente convencido que vencerán con el poder de las armas. En la firme creencia de que a sangre y fuego doblegarán al pueblo palestino y que se subyugará a la voluntad de Israel. Porque claro, habrá alguno que dirá, Israel sí que ha postulado por que tengan un Estado los palestinos, si éstos aceptan las condiciones que imponen ellos. Como no son aceptables, van ganando tiempo en sus aspiraciones los israelitas.

Fecha señalada como la más importante en el devenir de Gaza, a consecuencia del inmovilismo en la cuestión palestina y de que Israel estaba prosiguiendo su proyecto inflexible, con el apoyo incondicional de EEUU, el sector radical de Hamás había percibiendo que estaba perdiendo cada día adeptos a su causa.

Después de haber transcurrido décadas, en que la postura intransigente de Israel no cambiaba, puesto que por mucha presión moral que hubiese tenido de la comunidad internacional, seguía inflexible en no ceder un ápice de sus postulados. En 2002 la Liga Árabe, le planteó a Israel que le reconocerían, si se retiraba de los territorios árabes ocupados en 1967. Pero como es obvio, Israel no hizo ni caso, como que no iba a renunciar a sus conquistas. A la vista de que el tiempo pasaba y la actitud de Israel seguía inquebrantable, Hamás se dio cuenta que se estaba resquebrajando la solidaridad árabe, ya que algunos países dejaron de apoyar la postura palestina con vehemencia.

Franja de Gaza 365 km2

Como aceptando que por los años pasados, los hechos consumados se habían impuesto.

EEUU, en su particular cruzada contra Irán, su enemigo contra sus intereses en la zona, empezó a mediar con los países aliados del golfo pérsico. Empezó a mediar, para lograr que Emiratos Árabes Unidos, Bahréin, Sudán y Marruecos se unieron por establecer relaciones con Israel. Después EEUU firme aliado de Israel vendió aviones F-35 a Emiratos, después de que reconocieran a Israel.

Arabia Saudita, permaneció fiel a sus principios de que, no reconocerían a Israel, hasta que no se arreglase la cuestión de Palestina. Pero la preocupación mutua entre Israel y Arabia Saudita con Irán ha ido acercando las posturas.

Los palestinos críticos, afirman que cualquier acuerdo con Israel, legitima la ocupación de los territorios palestinos. Y como el mundo se mueve por intereses económicos, poco o nada podían ofrecer los palestinos, para que se pudiese cuestionar esa normalización.

A la vista de esos acercamientos entre Israel y los países árabes, Hamás en connivencia con Irán, desató un ataque sorpresa contra los kibutz que había en la frontera con la franja de Gaza. Cosa que Israel podía haber evitado si hubiese hecho caso a las advertencias del servicio secreto, pero caso omiso.

El Viernes a las 6:30 am del 6 de Octubre de 2023, empiezan a caer cohetes disparados por Hamás desde Gaza, iniciándose el ataque sorpresa sobre Israel reportándose los primeros muertos, en la operación denominada por Hamás como *"Tormenta de Al-Aqsa"*. Suenan las sirenas en Tel Aviv, Beer Sheva, Jerusalén y otras localidades por la lluvia de cohetes unos 5.000 lanzados por Hamás. Las (FDI) **Fuerzas de Defensa de Israel** informan de que militantes armados han penetrado a través de la alambrada que separa Gaza de Israel.

Sorprendidos los habitantes de los kibutz fronterizos, empiezan a percibir en el ataque sorpresa, como tractores derriban la alambrada que hace de frontera, para facilitar la penetración de los hombres armados de Hamás, al tiempo que también aterrizan sobre el terreno militantes de Hamás en parapentes motorizados.

Empiezan los disparos cogiendo a los soldados israelíes fronterizos desprevenidos, sin tiempo para reaccionar de lo que estaba pasando. Los civiles de los kibutz son asesinados con tiros, al tiempo que otros son atrapados como rehenes. En una carnicería sin cuartel, matan soldados, civiles hombre, mujeres y niños. Pareciendo que la irá acumulada durante años, se ha desatado con toda su ferocidad.

En un principio en el primer recuento expresado por Israel, se cree que han muerto más de 200 israelíes y 900 han resultado heridos. En medio de la confusión también arden los coches y casas de los habitantes de los kibutz fronterizos.

El mismo 7 de Octubre de 2023, el ejército de Israel eleva su estado de alerta al de preparación para la guerra. Hamás justifica el ataque en la defensa de la mezquita de Al-Aqsa, afirmando que ha conseguido matar y secuestrar a decenas de israelíes, entre civiles y militares. Con la complicidad de la Yihad Islámica el segundo grupo más importante de Gaza.

Con las cámaras que llevan adosadas a su cuerpo, graban un video en que se ve como las Brigadas de Al-Qassam capturan varios soldados enemigos en la batalla *"Diluvio de Al-Aqsa"*, incluidos civiles aturdidos y asustados por lo inesperado.

Muhammad Al-Deif, comandante militar de Hamás hace un llamamiento a la población palestina para un levantamiento general contra Israel. Al tiempo se estaba celebrando un festival musical, sorprendiendo a los asistentes, donde los militantes de Hamás disparaban a quema ropa y secuestraban a otros.

La reacción de las (FDI) es movilizan a los soldados y declaran el estado de alerta de guerra. EEUU aliado infalible de Israel en la zona condena los atentados cometidos por Hamás contra civiles israelíes. En un recuento posterior se dicen que han fallecido asesinadas más de 1.300 personas, lo que provoca que el mundo quede horrorizado. El presidentes Joe Biden afirma que Israel tendrá el apoyo y será ayudado en todo aquello que necesite para defenderse. Netanyahu dice, nos embarcamos en una guerra larga y difícil, dicha guerra nos ha sido impuesta por la organización terrorista Hamás.

Las (FDI) empiezan a bombardear Gaza, mientras Hamás continúa disparando cohetes sobre las localidades fronterizas y ciudades más cercanas. El día 7 de Octubre finaliza con un saldo de 350 muertos israelíes y 313 palestinos.

El 8 de Octubre, prosiguen los combates entre las (FDI) y los militantes de Hamás en el sur del país. Al tiempo que Israel bombardea Gaza y el sur del Líbano. Mientras Hamás prosigue con el lanzamiento de cohetes.

El Ministerio de Salud Palestino, informa de la muerte de 7 palestinos en enfrentamientos con soldados de Israel en Cisjordania.

El presidente de Irán Ibrahim Raisi, manifiesta su apoyo a la defensa de la nación palestina. El presidente de los EEUU Joe Biden le dice a Netanyahu que está en camino más ayuda para Israel. Dada la desproporción de medios, entre el Estado de Israel y la organización terrorista Hamás, llama la atención que los norteamericanos reporten que se ha enviado a un portaviones a la zona. Probablemente será más un apoyo de advertencia para que posibles enemigos de Israel no se envalentonen.

La Agencia de las Naciones Unidas para los Refugiados Palestinos (UNRWA), que unos 74.000 palestinos han sido desplazados en Gaza por los ataques de Israel.

El 9 de Octubre, las (FDI) han reportado que ya no hay combates en territorio israelí y que los militantes de Hamás han muerto o expulsados, retomándose el control de todas las localidades que habían sido atacadas. Continuando los bombardeos de Israel sobre Gaza, mientes que por parte de Hamás continúan los lanzamientos de cohetes sobre Israel.

Entre los rehenes secuestrados por Hamás hay unos 199 entre civiles y soldados. Mostrándose en principio intransigente por el intercambio Netanyahu. Concentrándose en arrasar Gaza, con la excusa de exterminar a Hamás. Israel ha bombardeado desde el inicio de la agresión con centenares de bombas de 900 kg.

El ejército de Israel fue concentrándose en la frontera de Gaza, a la espera de la orden de invasión. Limitándose al principio a bombardear el norte de Gaza, para allanar el camino a la tropa, cuando empiece la invasión. Ya que el entramado urbano de calles angostas llenas de edificaciones, constituirán un factor de riesgo acrecentado. Por eso se están limitando a bombardear y hacer pequeñas incursiones, para ir preparando el terreno para la real invasión.

El gobierno de Netanyahu está sopesando mucho como realizar dicha invasión, pues su principal preocupación son los rehenes que tiene Hamás en su poder. Pues destruir a Hamás como se espera, sin poner en riesgo a los secuestrados, tiene su aquél. Como forma de tratar de ablandar la resistencia de Hamás, Israel ha cortado la conexión de internet, luz y agua.

Con el fin de facilitar el trabajo del ejército israelí, el jefe militar de Israel, ha ido recomendando a la población civil de Gaza, que se desplace hacia al sur de la franja, para no correr riesgos sus vidas y minimizar las víctimas civiles palestinas.

En la invasión bautizada por Israel con el nombre de *"Espadas de Hierro"* donde el jefe de la oposición Yair Lapid ha ofrecido a Netanyahu la formación de un **"gobierno de emergencia profesional"** El Estado de Israel está en guerra y no será fácil ni corta, tiene consecuencias estratégicas que no sabemos hasta dónde puede llegar, con el riesgo de que se convierta en una guerra con múltiples escenarios.

La situación para la población civil palestina de Gaza es caótica, ya que los bombardeos han destruido muchas infraestructuras, como hospitales con una población de 2.200.000 de habitantes que atender. E Israel tiene claro que no va respetar ni hospitales, ambulancias u organismo de la ONU. Ya que ha destruido escuelas e instalaciones de la (UNRWA) para los refugiados palestinos. Ya que según Israel, Hamás utiliza los hospitales, escuelas e instalaciones de la ONU en la franja para dar cobijo a sus miembros. La destrucción de hospitales y la falta de médicos que han muerto por los bombardeos, han dejado a la población civil sin capacidad para ser atendidos hospitalariamente.

La desproporción de medios, hace que los palestinos de Gaza, no puedan hacer nada, más que huir de un lado para otro. Con el fin de minimizar las muertes por los bombardeos, Israel ha dividido la franja de Gaza por cuadriculas. De manera que cuando va a bombardear una zona, avisa a la población palestina para que se desplacen a otra zona de las cuadriculas. Es como una manera de jugar al gato y al ratón con los civiles palestinos, pues aunque se desplacen, eso no evita que mueran, simplemente que mueran menos para no causar un estupor en la comunidad internacional la actitud de Israel.

Sin medios con los cuales contrarrestar los bombardeos, a los palestinos no les queda más que irse desplazando de edificios y viviendas según son bombardeadas.

Desde el inicio de la invasión de la franja de Gaza por Israel, ha impuesto un bloqueo económico, con el fin de subyugar la resistencia del pueblo por hambre, sed y falta de medicinas. Ya que con una población de 2.200.000 habitantes la franja de Gaza, antes del conflicto con Israel, accedían por el paso de Rafah unos 200 camiones diarios. Pero desde la invasión Israel se ha mostrado inflexible, tratando de matar a la población por inanición. No permitiendo el acceso de camiones, con la excusa de que pueden llevar armas para Hamás.

En el paso de Rafah, hacen cola infinidad de camiones cargados, que no pueden acceder a la franja de Gaza, bajo el riesgo de ser bombardeados por la aviación israelí.

Con la destrucción de las infraestructuras, se hace casi imposible alimentar a la población, ya que han sido destruidos almacenes, panaderías y depósitos de alimentos de la ONU. Con una precariedad tal, la población pasa hambre y el agua está muy restringida, puesto que la planta desaladora que existía, ha sido destruida con los bombardeos

Los hospitales son bombardeados sin contemplación por Israel, destruyendo quirófanos, camas y suministros médicos. También fallecen los facultativos que tratan de paliar la mortandad, pues los hospitales no son un lugar seguro en el cual trataba de refugiarse la población en sus al rededores. Y las bombas también matan a los médicos y enfermeros.

La invasión del norte de la franja de Gaza

Ante la invasión de las tropas de Israel por el norte de la franja de Gaza, éste ha avisado a la población palestina, de que huya hacia el sur. Con las bombas de Israel machacando Gaza, tratan de forzar el desplazamiento hacia el sur para facilitar la labor del ejército israelí, que ha avisado que deben huir más allá de la quebrada de Wadi Gaza, dividiendo la franja de Gaza en dos zonas.

La población se encuentra en la disyuntiva de que tratan de huir del norte de Gaza para escaparse a los bombardeos y la muerte, pero por otro lado se encuentra con la oposición de Hamás, que ve en esa huida hacia el sur una manera de facilitar a Israel que bombardee sin contemplaciones. Por lo tanto la presencia de la población civil en el norte es, como una garantía para obstaculizar el avance del ejército israelí.

Pues Israel, está centrándose en la propia localidad de Gaza al norte, mientras espera que el desplazamiento de la población palestina hacia Jan Yunis y Rafah, les dejará el camino expedito para emplearse con más contundencia.

Israel establece una franja horaria y una carretera por la cual los civiles palestinos se pueden desplazar hacia el sur, en la que no serán bombardeados, fuera de esa franja horaria y carretera serán objetivo de guerra, corriendo peligro sus vidas.

Desde el inicio de la invasión israelí, han muerto 1.900 palestinos, de los cuales 614 niños. Netanyahu emplazó a los 1.100.000 habitantes del enclave de Gaza a que abandonen de inmediato sus viviendas, por su propia seguridad y protección. La gente temiendo por sus vidas trata de huir en coches o a pie hacia el sur. Sin comida, electricidad y agua, debido al bloqueo total de Israel a los suministros. Muchos habitantes así y todo se niegan a partir.

El 80% de la población de la franja de Gaza son refugiados o descendientes de refugiados, que abandonaron o fueron expulsados cuando se creó Israel en 1948. Por eso la opción del exilio es una cuestión dolorosa, preguntándose, yo ya soy refugiado en Gaza, qué quieren que me vaya otra vez.

No quieren volver a vivir otra *"nakba"* (catástrofe en árabe) como la de 1948, para que Israel vuelva a adueñarse más aún del territorio que les pertenece según la ONU.

Las protestas en los países árabes, miles de personas se manifestaron en Irak, Arabia Saudita, Jordania, Irán, Bahréin y otros países musulmanes. El presidente palestino Mahmmud Abbas, equiparó el desplazamiento masivo a una nueva *"nakba"*, solo que en aquella fueron 760.000 los desplazados y ahora la cantidad es mucho mayor. Su primer ministro Mohammed Shtayyeh acusó a Israel de perpetrar un genocidio.

Arabia Saudita, rechazó categóricamente, cualquier desplazamiento de la población palestina y condenó los bombardeos de civiles indefensos.

El Secretario General de la ONU, Antonio Guterres, llamó a Israel a "evitar una catástrofe humanitaria" y pidió "un acceso humanitario inmediato a Gaza, para poder llevar combustible, alimentos y agua a todos los que lo necesiten.

En tanto el presidente de los EEUU Joe Biden, prometió a Israel dotarle de todo lo que necesite para defenderse. Argumentando que no se puede perder de vista que la mayoría de la población palestina no tiene nada que ver con los crímenes de Hamás.

La Cruz Roja expresó, que el ataque de Hamás a Israel, no justifica la destrucción ilimitada del enclave palestino, a través de su Comité Internacional.

En Cisjordania también hubo enfrentamientos entre palestinos que se manifestaban en apoyo de Gaza y las fuerzas de seguridad israelíes, provocando 16 muertos.

El ejército israelí, también bombardeó varias localidades al sur del Líbano, tras una explosión en la valla fronteriza. Ya que esa región es un bastión del grupo chiita Hezbulá, que dijo estar totalmente preparado para unirse a Hamás.

Israel, como manera de disuasión ha hecho incursiones también en Siria, destruyendo infraestructuras de grupos afines a Hamás. Pues el riesgo de una extensión del conflicto es algo patente que está ahí. Como medida de que eso sirva para desanimar a Irán a pronunciarse abiertamente contra Israel, ya que se apoya en grupos islámicos que son financiados por Irán en Líbano, Siria, Yemen y el propio Hamás.

EEUU ha movilizado una flota con portaviones a la zona, para disuadir sobre todo a Irán, principal enemigo en la zona de sus intereses.

El principal hospital en el enclave de Gaza es el árabe Al-Ahli, donde los bombardeos han matado a más de 470 personas. Las autoridades palestinas y Hamás, culpan a Israel y este a su vez a que ha sido el fallo de un cohete islamista. En el que se encontraban centenares de personas, muchas de ellas menores de edad. Echándose la culpa mutuamente, Israel dice que es un cohete que disparó la Yihad Islámica contra su territorio, pero que falló en el trayecto. Y a su vez Hamás dice que semejante explosión no puede ser provocada por cohetes artesanales que se fabrican.

El embajador de Palestina en España, Husni Abdel Wahed dijo que ya es casualidad, que horas antes de la caída del misil, hubiesen recibido aviso de Israel de que el hospital iba a ser bombardeado y pidieron que fuera desalojado.

Había más de 1000 personas al cobijo del hospital, ya que en la creencia de que no sería atacado, era un lugar seguro. Eso sin contar con médicos, enfermeros, equipos de rescate, etc. El hospital llegó a contar con 6.000 personas, pero un ataque anterior israelí que causó 2 muertos, hizo que unas 5.000 personas lo abandonasen, por no considerarlo seguro.

Mahmmud Abbas presidente palestino, declaró 3 días de luto, diciendo que eso era un genocidio. Haciendo un llamamiento a la comunidad internacional para que intervenga de inmediato y detenga esa masacre.

Antonio Guterres, el Secretario General de la ONU manifestó estar horrorizado por la cantidad de víctimas palestinas en un ataque que condenó vehemente diciendo que los hospitales y los médicos están protegidos por el derecho internacional humanitario. La OMS Organización Mundial de la Salud, dependiente de la ONU, ha condenado con contundencia a pesar de haber recibido el aviso de una orden del ejército de Israel, dicha evacuación era imposible, ante la falta de personal, camas, médicos, ambulancias y pacientes en estado crítico en que faltaban refugios alternativos donde desplazarlos.

China expresó su reprobación ante el ataque, sin nombrar responsables, llama a un inmediato alto el fuego y cese de las hostilidades. Pero sus palabras han caído como papel mojado, Israel ni respeta la ONU, ni el derecho internacional humanitario que protege a hospitales y personal sanitario. Va por libre y hace lo que le da la gana, no sintiéndose responsable de rendir cuentas más que a EEUU.

La brutalidad de la sed de venganza del gobierno de extrema derecha y partidos religiosos, asombra que un pueblo que sufrió la brutalidad de los nazis, emplee sus mismas tácticas con los palestinos. No sirviendo que con la excusa de acabar con la organización terrorista de Hamás, se haga sufrir a la población civil ajena a ello, enjaulada en la franja de Gaza.

El fanatismo llega a tal punto, de los israelitas no considerar humanos a los palestinos, por la muerte de 1.300 israelitas. Qué se podría decir sino de un Estado que es mucho más que una organización terrorista, se comporta asesinando a los civiles más de 20.000, incluidos 8.000 niños y 6.000 mujeres.

El salvajismo es mucho mayor por la desproporción de víctimas, que sin que sirva de excusa, la reacción de los palestinos de Hamás se pueda entender, después de llevar años con una política de total inmovilismo de Israel para resolver la cuestión palestina.

De todos es sabido, que la censura de Israel no permite que se divulguen lás atrocidades que comete su ejército a las órdenes de un genocida llamado Netanyahu.

Ya que no tiene justificación alguna querer matar a la población civil de hambre, sed y falta de medicinas, con la excusa de exterminar Hamás. Sin luz, en los hospitales donde operan con linternas, sin anestesia para operar, por el bloqueo israelí que entren suministros médicos por el paso de Rafah.

Con un organismo como la ONU, que más que una Sociedad de Naciones, parece el coto privado de EEUU, que chantajea sus decisiones con la amenaza del corte de recursos económicos, cuando no veta cualquier condena que sea votada contra los desmanes de Israel. Actos tan humanitarios como proclamar un alto el fuego, para que paren las masacres de civiles, EEUU ejerce su derecho de veto, para que no siga adelante. Por ir en contra de sus intereses y de Israel.

Que preocupación puede tener una nación como Israel, cuando sabe que todas las resoluciones de toda índole que se votaron por el incumplimiento del derecho internacional, han sido vetadas por su protector Tío Sam. Se siente totalmente impune, sabe que tiene barra libre de EEUU para asesinar. Con la contradicción de que los norteamericanos hablan de que haya contención por parte de Israel con los bombardeos sobre civiles, cuando son ellos mismos, los que suministran bombas de precisión para que sea más efectiva la matanza.

El hambre hace estragos entre la población civil, donde muchos no tienen ni una comida al día, comida por llamarla así, meterse en el estómago un trozo de harina asada al fuego.

El día 21 de Octubre, se permitió por primera vez la entrada de 20 camiones por el paso de Rafah, algo totalmente insuficiente, cuando antes del conflicto entraban 200 camiones diarios. Esos 20 camiones llevan comida enlatada, medicinas, mantas y colchones. Ya que la población civil de Gaza se ha quedado sin hogar, teniendo que pasar la noche al intemperie con el frío propio de la época.

Con la destrucción de varios centros hospitalarios, los pocos que aún quedan están desbordados. Es tal la cantidad de muertes diarias, que no hay más solución que enterrarlos en fosas comunes, pues no se dispone de tiempo para averiguar la procedencia de cada fallecido.

Sabiendo que es patente la insuficiencia de suministros para atender a la población civil, Israel se mantiene inflexible con excusas de que no se puede controlar el contenido de los camiones y de que los que pasan pueden acabar controlados por Hamás.

Es deplorable ver las víctimas heridas esparcidas por los suelos ante la falta de camas suficientes en los pocos hospitales que restan. Dada la cantidad de ingresos que hay.

La obsesión del ejército israelí es tal, que ven terroristas por todos los sitios, por eso para ellos, escuelas, hospitales, naves de la UNRWA, todos son refugios donde se esconden los terroristas de Hamás. Del personal de la ONU destinado a labores humanitarias en Gaza, Israel tampoco los respeta, han sido asesinados más de 136 cooperantes.

Llega a tal punto, que inclusive tres israelitas que se consiguieron fugar de sus secuestrados de Hamás, salieron con una bandera blanca que pedía socorro en hebreo. El ejército temiendo que pudiese tratarse de una trampa, dispararon sin contemplación, matándoles justamente los que venían para liberarlos. Algo que ha conmocionado al pueblo de Israel, que la postura inflexible de Netanyahu, pone en peligro la vida de los rehenes que continúan retenidos.

Intercambio de rehenes por presos políticos

A raíz del ataque de Hamás a los kibutz fronterizos con Gaza, cosa planeada con varios objetivos, como sacar el conflicto palestino del punto muerto al que lo había llevado Israel, evitar que más países árabes se apuntasen a la tesis de dar los hechos por consumados e intentar la liberación de los presos políticos palestinos; Hamás secuestró a civiles y militares israelíes.

Después de seguir la lucha calle a calle por el enclave norte de Gaza, en que Israel trataba de dividir y aislar a los palestinos del enclave centro sur de Jan Yunis y Rafah, la presión de la población civil de Israel forzó a que Netanyahu con su gobierno ultra conservador religioso, flexibilizase su postura de no negociar.

El 24 de Noviembre de 2023, se establece una tregua entre Israel y Hamás, con las siguientes condiciones, a las 07:00 AM entra en vigor la tregua pactada por 4 días, en que Hamás libera a 13 israelíes, 10 tailandeses y un filipino, total 24 personas.

 Israel por su parte libera a 24 mujeres, 15 adolescentes y a un niño, todos ellos acusados de terrorismo y sin delitos de sangre, en total 39 personas. En Israel no se cumple el derecho internacional con los palestinos y las detenciones son hechas al libre albedrío, pudiendo pasar hasta años en prisión hasta que se celebre el juicio.

Se trata de la primera tanda de los 50 rehenes que debe liberar Hamás en los próximos 4 días. Israel por su parte en base al acuerdo alcanzado deberá liberar a 150 palestinos.

Como parte del acuerdo se prevé, la entrada en la franja de Gaza de 200 camiones diarios, para intentar que sobrevivan los 2.200.000 palestinos que hay recluidos en la franja. En el primer día de tregua, han entrado 137 camiones en Gaza con agua, comida, gas para las cocinas y combustible para que puedan seguir funcionando los hospitales. Con generadores diésel, al tener cortado el suministro eléctrico.

Aprovechando la tregua, algunos palestinos han intentado volver a sus casas en la zona norte de Gaza, la UNRWA, ha confirmado que soldados israelíes disparaban contra los que intentaban volver. Ha pedido acceder a esa zona, pues llevan días, donde escasean los alimentos, no hay agua potable y solo funcionan 2 hospitales parcialmente.

La tregua se podría ampliar hasta 10 días, pero solo se ha llegado a 7 días, pues la negociación entre Israel y Hamás ha llegado a un punto muerto. Qatar principal país mediador no ha conseguido ampliarla. Y al día siguiente de su fin, han vuelto los bombardeos israelíes sobre Gaza y los disparos de cohetes desde Gaza hacia Israel. Que se ha cobrado la vida de decenas de palestinos.

El motivo del fin de la tregua ha sido por parte de Israel, que Hamás ha seguido disparando contra su país, mientras que Hamás argumenta que Israel ha violado lo acordado, por impedir la entrada de combustible al norte de Gaza. Expertos señalan que Israel nunca tuvo voluntad real de prorrogarla, que lo único que le movía era lograr la liberación de los rehenes. Manifestando el ejecutivo israelí, que su objetivo principal era acabar con

Hamás, sin importa el coste en vidas de militares y población civil. Que para la fecha era de unos 1300 israelitas y 15.000 palestinos.

Tras los 7 días totales de tregua se ha logrado la liberación de 108 israelíes a cambio de 240 palestinos excarcelados, en su mayoría menos de edad. Con la ventaja para Israel de lograr apaciguar la presión social civil israelí que exigía la liberación de los rehenes. Y para Hamás, haber podido reorganizarse militarmente y a su vez dar una imagen de cara al pueblo palestino de su preocupación por liberar a los presos políticos palestinos y dar una imagen al mundo de que Hamás respeta a los rehenes que han sido devueltos vivos.

Pero no fue así, con la ayuda económica que recibía Hamás del exterior, se empezó a agrandar los túneles subterráneos del suelo de Gaza, para lograr la entrada desde la frontera de Egipto, todo tipo de suministros. Dicha red cuenta con 500 km de túneles, conocida popularmente como el **"Metro de Gaza"**. Por esa intrincada red ha conseguido burlar los intentos de bloqueo, llegando todo lo que necesitan y hasta el contrabando de armas.

Desde la invasión de Israel ha sido su quebradero de cabeza, pues además de los kilómetros de túneles hay miles de bocas, por las cuales Hamás puede sorprender a las fuerzas armadas de Israel. Saliendo de lugares de lo más inimaginables. Ya que por medio de ellos, Hamás mueve a sus militantes armados, según la necesidad.

La aviación israelí se ha dedicado a bombardear, para destruir dicha red de túneles, pero no es totalmente eficaz, por eso el ejército israelí ha decidido inundarlos con agua de mar, con la finalidad de que los militantes de Hamás salgan de ellos. Bombeando agua del mar directamente en ellos, aunque con una eficacia relativa. A la vista que desde la invasión han pasado más de 2 meses y la ocupación israelí va lenta.

Lograr los objetivos finales

Desde el inicio de la invasión de Gaza, los objetivos de Israel eran claros, liberar a los rehenes secuestrados y capturar a los jefes de Hamás en la franja. Pero la cosa se ha ido complicando y no ha obtenido los resultados que esperaba más rápido.

Netanyahu dijo que el objetivo fundamental de Israel era exterminar Hamás, que no pensaba quedarse con la franja de Gaza. Pero cabe sospechar que no era más que un paraguas empleado de cara a la comunidad internacional para no dar la sensación de que la finalidad era anexar Gaza a Israel.

Pues poco a poco las declaraciones de miembros de su gobierno, empezaron a expresar las reales intenciones. Con excusas de que Gaza sería reducida a la mitad de su tamaño, quedándose Israel con el resto como zona de colchón de seguridad. Y fue cambiando el parecer según transcurrían los días, al ver que el desplazamiento de la población del norte de Gaza al sur en realidad escondía hacer imposible la concentración de 2.200.000 de palestinos en la zona sur, ya que si de veras le preocupase la vida de los civiles palestinos, podría abrir los pasos que controla Israel de Karem Shalom, Sufa, Karni y Erez, para evacuar a la población civil de la muerte por los bombardeos.

Y forzar así a Egipto que en un acto humanitario, abriese la frontera para que los palestinos pasasen al Sinaí. Pero las autoridades egipcias viéndolas venir, dejaron muy claro que jamás abrirían la frontera para el desplazamiento de la población palestina.

Israel fue cambiando de parecer sobre la zona, diciendo que cuando acabase con Hamás, se quedaría como garante de su seguridad con toda Gaza. Los líderes más ultras, empezaron a manifestar que habría que trasladar a la población palestina de Gaza a Egipto y Jordania.

Como la guerra entre Israel y Hamás se prolonga mucho más de lo que se creía, al gobierno de Israel no le interesa el desgaste que está sufriendo ante su población. Donde después de más de 2 meses, no se han cumplido los objetivos que se creían rápidos. Pues ni se ha conseguido la liberación total de los secuestrados, no se ha conseguido capturar y exterminas a Hamás y la prolongación en el tiempo, está haciendo aumentar el número de militares fallecidos. Pues aunque la proporción de fallecidos entre militantes de Hamás y soldados israelíes es abrumadoramente favorable a Israel, eso no le sirve a la población de Israel, del considerado el mejor ejército de Oriente Medio.

De manera que la población civil de Israel, empieza a pedir responsabilidades a sus gobernantes, ante su ineficacia, realizando manifestaciones.

Tratando de acortar el conflicto, Israel está ofreciendo evacuar a palestinos de forma voluntaria de Gaza a otros países árabes. Pero los países árabes conscientes de la maniobra de limpieza étnica de Israel, ya le han dicho que no. Al salir a la luz un documento del Ministerio de Inteligencia de Israel, oficial del 13 de Octubre de 2013, para expulsar a los 2.200.000 millones de palestinos de Gaza. Donde se expresa que debe presionar a EEUU para que fuerce a Egipto y Jordania a abrir la frontera del Sinaí para que absorba a los gazatíes junto a otros países europeos, como Grecia y España.

Dicho documento plantea 3 posibles soluciones al conflicto de Gaza, el primero es que la población de Gaza permanezca en el territorio y que la Autoridad Nacional Palestina el Gobierno de Cisjordania dirija el territorio. La segunda opción es, que un gobierno árabe no islamista que siga el modelo de los Emiratos Árabes Unidos y el tercero es el que plantea la evacuación de la población de Gaza a Egipto.

Después de más de 75 años de guerras y matarse entre sí, parece mentira que la inteligencia humana no llegue a comprender que a sangre y fuego no se va a arreglar nada. Aunque Israel se vea en una situación preponderante sobre los palestinos, nada que no llegue por una negociación acabará con esta sangría.

La lógica debe imponerse y los israelitas deben entender que solo un Estado de Palestina, podrá poner fin al conflicto. Es obvio que ambas partes deberán de ceder, para llegar al arreglo. Pero creo que 75 años de uso de las armas ha dejado evidente que no arreglará nada.

Deben retomarse las negociaciones entre Israel y el sector moderado de la ANP (Autoridad Nacional Palestina), para lograr que los palestinos tengan una patria y puedan vivir pacíficamente ambos pueblos, israelí y palestino.

Pues la solución buscada de que vivan en un estado de apartheid no es viable, los israelitas lo deberían saber, ya que ellos padecieron el horro de los nazis, que los mantenía recluidos en guetos.

Sería anti natura, que justamente el agresor e invasor de 1967 que fue Israel, impusiese que los palestinos carecen del derecho a una nación. Aunque el principal problema de la solución pasa por EEUU, que aunque la población de origen judío solo representa el 5% de la población, ocupan las altas esferas del poder, donde condicionan la política exterior del país. Sin ese apoyo incondicional de EEUU a todos los desmanes que pueda cometer Israel, es lo que impide llegar a un arreglo.

Hay que dejarse de fanatismos religiosos por ambas partes y buscar una solución coherente que acabe con esa carnecería de décadas. El sentido común debe imponerse y poner fin que esos instintos primarios continúen imponiéndose en un conflicto sin fin.

Kufia Palestina

Aprovechar la coyuntura para evitar cumplir con la justicia

Benjamín Netanyahu, fue el primer ministro más joven de Israel al vencer por poco a Shimon Peres en 1996. Ultranacionalista responsable indirecto de la muerte de Isaac Rabin, al cual atacó públicamente de ser un traidor a la causa judía por apoyar la solución de los 2 Estados. Odio que incitó a que un fanático lo asesinara. Netanyahu años después se dirigió al público de su país ante la posibilidad de que perdiera el gobierno a manos de su antiguo lugarteniente Naftali Bennett anunciara que trabajaría con el líder de la oposición Yair Lapid para formar nuevo gobierno.

Criticando a Bennett líder del pequeño partido de derecha Yamina, por cometer lo que llamó el "fraude del siglo". Netanyahu lo retrató como un político sediento de poder, que solo se preocupa por si mismo. Declaración que a algunos observadores de Israel les resultó irónica, a la vista de todas las tetras y maniobras políticas que ha empleado Netanyahu para mantenerse en el poder.

Benjamín Netanyahu el político con más grande trayectoria de Israel, podría ser derrocado, luego que sus rivales prometieran trabajar en un gobierno de unidad.

La llegada del nuevo gobierno compuesto por 8 partidos desde izquierda a derecha, puede poner en serios aprietos a Netanyahu, por soborno, fraude y abuso de la autoridad. Netanyahu ha negado todas las acusaciones, diciendo que se trata de una caza de brujas contra su persona. Pero analistas políticos dicen, que de permanecer en el poder, Netanyahu podrá evitar el enjuiciamiento y la posible cárcel. Al designar un nuevo fiscal general e influir en el nombramiento de ciertos jueces que podrían afectar a su juicio.

Otros críticos del líder de Israel dicen, que quiere aprobar una nueva ley de inmunidad, que protegería a un primer ministro en funciones de ser acusado.

Aunque parece que Bennett y Lapid cuentan con el apoyo necesario para formar nuevo gobierno y desbancar a Netanyahu que lleva 12 años seguidos en el poder, su nuevo gobierno aún está a varios pasos de distancia.

El nuevo gobierno de Naftali Bennett y Lapid, está cosido con alfileres, que pueden caer ante el fin del alto el fuego de Gaza, un ataque de Hamás podría hacer tambalear al nuevo gobierno.

Lo cual ha hecho sospechar que el aviso dado que recibió el ejército y los servicios secretos de Israel de que Hamás estaba entrenando a sus militantes para un ataque a puestos militares y poblaciones de la frontera de Gaza, fue desoído a propósito por el gobierno de Benjamín Netanyahu. Ya que dicho ataque sería la excusa perfecta para sobrevivir en el poder, sin ser encausado.

El ejército de Israel está ahora totalmente centrado en exterminar a Hamás, pero cuando finalice la guerra, las Fuerzas de Defensa de Israel llevarán una profunda investigación, por la sucesión de cadenas de fallo, desde que se recibieron los primeros correos electrónicos hasta la deflagración del ataque. Algo inadmisible en el considerado el mejor ejército de Oriente Medio. Con si hubo o no premeditación en no evitarlo, por intereses particulares.

La masacre de un pueblo con la excusa de exterminar a Hamás

Los bombardeos despiadados sobre una población civil palestina que no tiene medios para defenderse, la fórmula que emplea Israel son las bombas destruyendo todo tipo de edificación civil, pues según ellos Hamás está en todas partes y hacer morir a la población de inanición. Pues lo que entra a cuenta gotas como suministros de alimentos y agua representa solo el 10% de las necesidades de la franja de Gaza. Parece que una vez más, están copiando los métodos de sus tan admirados nazis, de matar de hambre como medio de rendición. Cuando la población civil nada tiene que ver con los militantes de Hamás, que como es obvio, tendrán sus suministros propios a buen resguardo.

Lo que está haciendo Israel con los civiles de la franja de Gaza son crímenes contra la humanidad, pero como el mundo continúa impasible e Israel sabe que solo se debe a EEUU y este le apoya, pues continúa con la barbarie. Me gustaría imaginar si fuese al revés y lo estuviesen padeciendo los israelitas, dirían que es un *"nuevo holocausto"* pero como se trata de los pobres palestinos que no tienen ningún poder de influencia mundial, que ser mueran mientras la comunidad internacional sigue mirando para otro lado, solo soltando palabrería barata de condena.

Con los hospitales medio destruidos, sin luz, agua y suministros como anestesia y medicinas, los pacientes sufren el horror de ser amputados a sangre fría, porque Israel se niega a que pasen los suministros necesarios para atender a una población de más de 2.200.000 de habitantes de la franja de Gaza.

Si hay justicia esas salvajadas inhumanas las tendrán que pagar, por cebarse con el eslabón más frágil, la población civil, donde mujeres y niños reciben el mismo trato que si fueran terroristas.

Todo queda a merced de lo que decida Israel, donde ese salvador del mundo que se considera EEUU, da vía libre a que lacayo en la zona cometa todo tipo de atrocidades, mientras el mundo sigue impasible.

En Israel, donde la sociedad ha sido fanatizada por el extremismo de derecha-religioso, mucha Torá, pero la censura impide que llegue al público las masacres que comete su ejército. La hipocresía del doble rasero, los muertos israelitas son vistos como mártires de la barbarie de Hamás mientras que los palestinos como son no humanos sino pobres sin influencia, da igual los que mueran o padezcan.

El día después

Muchos políticos y analistas se plantean que pasará con la franja de Gaza cuando acabe la guerra. Pues reducida a escombros y con una densidad altísima de población, habrá que acometer una ayuda internacional. Pues varios países que han ayudado a Gaza en su reconstrucción después de las incursiones de Israel destructivas, han dicho que no habrá dinero, hasta que no se arregle el conflicto. Al estar hartos de despilfarrar dinero en infraestructuras, que cuando le viene en gana y lo cree conveniente Israel lo destruye.

La solución es una incógnita, pues las alternativas son de lo más variables, según el punto de vista de los implicados. Está claro que desde el punto de vista israelí, sería la limpieza étnica desplazando a la población palestina fuera de la franja de Gaza y anexar a Israel como ha venido haciendo desde 1948. Para a continuación repoblar con colonos judíos.

Otros dicen que lo lógico sería que fuese gobernada por el gobierno de Al-Fatah de Cisjordania, como la otra parte de Palestina. Al fin, se ha mostrado moderado frente a las acometidas de Israel y no ha dado el dolor de cabeza que le ha causado a Israel, su invento de Hamás. Y aún hay otros que creen que debería ser una suerte de administración internacional.

Otro interrogante es, aunque se queden en Gaza como hasta ahora, dónde iban a vivir, ya que las viviendas y las infraestructuras necesarias han sido reducidas a escombros. La ONU puede entrar y tratad de ayudar en agua, saneamiento y carreteras, pero no tiene capacidad para construir viviendas para 2.200.000 habitantes. Está claro que la solidaridad de los países árabes podría hacer esto, pero tiene que ser en base a garantías que no van a continuar derrochando dinero como han hecho en las últimas décadas. Esa reconstrucción podría durar años, el que fuera alcalde de Gaza en la época de la ocupación israelí, ha dicho que harían falta 10 años.

Por lo tanto la población de Gaza, tendrá que vivir durante un tiempo en tiendas de campaña, pues con la ayuda internacional, lo que no hay duda es, que trabajo no le va a faltar a nadie, teniendo que reconstruir tantas viviendas.

Los gazatíes no se muestran preocupados por eso ahora, solo piensan en sobrevivir en no ser asesinados por las bombas. Sin sustento asegurado, ya que lo que ejercían ha sido totalmente destruido, más el horror de los familiares muertos, no tienen sueños a la vista. Solo lo que el destino les vaya deparando.

Está claro que la principal preocupación es poner fin de manera definitiva a un conflicto que se arrastra hace 75 años, de muertes y destrucción. Pero para eso es necesario que ambas sociedades, la israelí y palestina apuesten seriamente por poner fin.

Si se llega al arreglo definitivo todo será más fácil, ya que se sabrá que lo invertido no será en vano en el tiempo. Pues está claro que habrá ayuda internacional para reconstruir Palestina y que puedan vivir en paz los dos Estados. Pero para eso hay que dar paso a la inteligencia y no seguir en el mismo bucle que han sido las últimas décadas.

La única solución justa es la de los 2 Estados, en que ambas partes habrán de ceder para confluir en un acuerdo definitivo, ya que creo que décadas de intransigencia no han conducido a nada, más que a muertes y miseria. En base a las fronteras de antes de la guerra de los 6 días de 1967, habrá que hacer reajustes actualizados a la realidad, pero compensando para que la superficie de territorio sea la misma.

Ojalá llegue ese día y se acabe esta barbarie que ha consumido en el odio a dos pueblos y sean capaz de vivir en paz y armonía, dejando en el pasado la obtusa percepción que a fuego y muerte se pueden arreglar las cosas.

Madrid, 28 de Diciembre de 2023

FIN

Mi vida ha transcurrido entre dos continentes, Madrid – España y Río de Janeiro – Brasil. Fruto de la emigración de mis padres, habiendo vivido mi infancia y parte de mi adolescencia allí. Siento un enorme orgullo de expresarme en este maravilloso idioma, llamado español. Ya que creo que es una entidad que atesoramos todos sus hablantes, frente a la pujanza de los medios en inglés. Presente en los cuatro continentes nuestra lengua, manternerlo vivo y fuerte es cosa que se corrobora en que cada día hay más número de hablantes en el mundo e interés por su aprendizaje.

Quiero dejar un matiz, que es una pena que los hispanohablantes de EEUU, muchos de ellos se sienten acomplejados de expresarse en él, como si se avergonzasen de mantener su entidad hispana. Produce tristeza que muchos padres, les hablan únicamente en inglés a sus hijos, ya que ellos desconocen nuestro hermoso idioma. Como queriendo desterrar cualquier rastro que les identifique como hispanos. Como si fuesen ciudadanos de segunda categoría. Cuando deberían estar orgullosos de hablar uno de los idiomas más ricos de la literatura universal.

Siempre sentí interés por escribir y dejar plasmadas mis pensamientos. Pero por diferentes avatares de la vida, lo fui posponiendo. Ahora ha llegado el momento de dar rienda suelta a la fluidez de mis ideas, dejándolas escritas.

El Autor

Palestina
Plan de partición
de la ONU (1947)
Estado árabe
Estado judío
Líbano
Damasco
Siria
Tel Aviv
Jaffa
Jerusalén
(ONU)
Amán
Mar Muerto
Bersheba
Jordania
Egipto

"El conflicto de Oriente Medio entre Israel y Palestina solo se arreglará, el día que quiera el lobby judío norteamericano. Una vez que EEUU ha hecho de la ONU una marioneta, que se mueve según sus intereses."

www.ingramcontent.com/pod-product-compliance
Lightning Source LLC
Chambersburg PA
CBHW070136260726
48658CB00001B/447